改訂

消費税インボイス制度導入の実務

登録手続から税額計算、電子インボイスまで

税理士 安部 和彦 著

はじめに

　本書は、一昨年に出版された拙著『消費税インボイス制度導入の実務』の後を受け、令和5（2023）年10月1日に予定されている消費税のインボイス制度導入がいよいよ間近に控えている今、その対応実務を中心に解説する目的で出版されるものである。既に令和3（2021）年10月から適格請求書発行事業者の登録実務は開始されているが、本書では、現在登録すべきかどうか悩んでいる事業者、特に免税事業者に対して、その判断基準と実務対応に関する記述を厚めに行ったところである。インボイス制度導入後に事業者間取引から排除されることを恐れる免税事業者の多くは、簡易課税制度の適用事業者となることで、激変が緩和されることが想定されることから、本書の記述を参考にされたい。なお、令和5年度税制改正による激変緩和措置については、序章を参照のこと。

　また、電子帳簿保存制度の改正により令和6（2024）年1月から電子データ保存が義務化されることに伴い、急速に普及が進むと想定される電子インボイス制度についても、その解説に紙面を割いている。電子インボイス制度を理解するためには、既に導入されている諸外国の実情を知ることも有意義と思われるが、本書では欧州や韓国の事例を紹介している。

　さらに、国税庁から公表されている「インボイス制度に関するQ&A」の内容も、最新の改正を踏まえて盛り込んでおり、実務上の疑問点の解消につながればと考えている。

　本書は、消費税のインボイス制度導入が約半年後に迫った現時点において、税理士のみならず消費税の経理実務に関わる全ての方に対して、その業務遂行にあたり折に触れ参照すべき事項を網羅する内容となっているものと考えるところである。

最後に、前著に続いて本書の出版に多大なご尽力をいただいた、清文社の中塚一樹氏に厚く御礼を申し上げたい。

　令和5年1月

国際医療福祉大学大学院教授

税理士　安部　和彦

目　次

序章　令和 5 年度税制改正の影響

① インボイス制度導入に係る激変緩和措置の背景 ……………………… 3

② インボイス制度導入に係る激変緩和措置の内容 ……………………… 4

③ 適格請求書発行事業者登録制度の見直し ……………………………… 5

④ 消費税に関する令和 5 年度税制改正の評価 …………………………… 6

⑤ 激変緩和措置導入に伴う対応策 ………………………………………… 8

第 1 章　軽減税率及びインボイス制度の概要

1 消費税率引上げとインボイス制度導入までの経緯 13

2 平成 28 年度税制改正等 16

① 軽減税率の導入 …………………………………………………………… 16

② インボイス制度の採用 …………………………………………………… 16

③ 法人に係る消費税の申告期限の特例 …………………………………… 18

3 軽減税率及びインボイス制度導入のスケジュール 21

4 インボイス制度導入の経緯 22

① インボイスとは …………………………………………………………… 22

② インボイス制度の本質 …………………………………………………… 23

③ インボイス制度導入までのスケジュール ……………………………… 24

5 インボイス制度の概要 26

① 請求書等保存方式とは …………………………………………………… 26

② 区分記載請求書等保存方式とは ……………………………… 28

③ 適格請求書等保存方式 ……………………………………… 32

④ 適格請求書等保存方式への移行スケジュール ……………… 35

⑤ 適格簡易請求書 ……………………………………………… 35

6 インボイスの導入と事業者免税点制度　39

① 事業者免税点制度の概要 …………………………………… 39

② 事業者免税点制度と租税回避防止規定 …………………… 40

③ 免税事業者からの仕入れの仕入税額控除 ………………… 43

④ インボイス制度導入下での免税事業者の地位 …………… 44

⑤ 免税事業者からの仕入れに係る経過措置 ………………… 46

⑥ 免税事業者は適格請求書発行事業者に転換すべきか？ ……… 47

⑦ 免税事業者が採り得る選択肢の判断基準 ………………… 49

⑧ 課税事業者・適格請求書発行事業者側の対応 …………… 54

⑨ 課税事業者・適格請求書発行事業者に転換する場合のシステム対応

…………………………………………………………… 55

7 EU型インボイス制度との比較　57

① 付加価値税の本質とインボイスの役割 …………………… 57

② わが国の消費税の性格 ……………………………………… 59

③ 仕入税額控除の積極要件と消極要件 ……………………… 61

④ 仕入税額控除の消極要件と立証責任 ……………………… 63

⑤ 仕入税額控除の法的意義の再検討 ………………………… 68

8 軽減税率とインボイス制度　69

① 軽減税率の概要 ……………………………………………… 69

② 軽減税率導入だからインボイスなのか …………………… 74

③ インボイス導入の本音 ……………………………………… 75

④ インボイスと軽減税率の表示 ……………………………… 77

第2章　区分記載請求書等保存方式の実務

1　区分記載請求書等保存方式の記載事項　83

① 区分記載請求書等保存方式の意義 ……………………………… 83
② 帳簿の記載事項 …………………………………………………… 84
③ 請求書等の記載事項 ……………………………………………… 84

2　請求書等の保存を要しない場合　85

① ３万円未満の取引 ………………………………………………… 85
② ３万円以上の取引 ………………………………………………… 85

3　従来の制度との違い　87

① 請求書等保存方式との違い ……………………………………… 87
② 相違点の比較表 …………………………………………………… 87
③ 免税事業者の取扱い ……………………………………………… 88

4　追記による補正　90

① 追記による補正の意義 …………………………………………… 90
② 追記による補正の方法 …………………………………………… 90

5　区分記載請求書等の記載例　92

① 個々の商品の記載が必要か ……………………………………… 92
② 一定期間分の取引のまとめ記載の是非 ………………………… 94
③ 税抜対価の額（本体価格）と消費税額とを記載する場合 …… 95
④ 商品の全てが軽減税率の対象である場合 ……………………… 96
⑤ 軽減税率の適用対象商品がない場合 …………………………… 97
⑥ 税率ごとに請求書を分けることは可能か ……………………… 98
⑦ 相手方の確認を受けた仕入明細書 ……………………………… 99
⑧ 旧税率の８％と軽減税率の８％とが混在する請求書 ………… 100

⑨　一括値引きがある場合の領収書への記載　……………………… 102

⑩　販売奨励金等の売上に係る対価の返還等がある場合の請求書の記載

　……………………………………………………………………… 104

⑪　年間契約の対価に係る区分記載請求書の記載　…………………… 106

6　帳簿記載の方法　107

①　帳簿の記載事項　………………………………………………… 107

②　帳簿と請求書等との関係　……………………………………… 107

③　区分経理の方法　………………………………………………… 110

第3章　適格請求書発行事業者登録の実務

1　登録制度の概要　115

2　登録制度の内容　120

①　登録対象事業者　………………………………………………… 120

②　法定登載事項　…………………………………………………… 120

③　登録の拒否　……………………………………………………… 121

④　登録取消しの請求　……………………………………………… 121

⑤　登録取消届出書を提出した場合以外の登録取消し　…………… 124

⑥　税務署長による登録の取消し　………………………………… 128

⑦　登録の効力　……………………………………………………… 128

⑧　登録申請書の提出期限　………………………………………… 129

⑨　課税事業者である新設法人の特例　…………………………… 130

⑩　登録番号の構成　………………………………………………… 134

⑪　オンラインによる登録手続　…………………………………… 134

3　登録事業者の公表　136

①　登録事業者公表の意義　………………………………………… 136

② 登録事業者の公表方法 ……………………………………………… 136

③ 公表事項の閲覧方法 ……………………………………………… 137

④ 国外事業者の登録 ………………………………………………… 139

⑤ 登録国外事業者制度に係る経過措置 ………………………… 143

⑥ 登録事項の変更 …………………………………………………… 143

4 免税事業者と登録制度　145

① 登録後の免税事業者の地位 …………………………………… 145

② 免税事業者の特例措置 …………………………………………… 149

③ 登録の任意性 ……………………………………………………… 152

④ 免税事業者である新設の法人の登録時期の特例 ………………… 152

⑤ 免税事業者が新たに課税事業者になる場合 ………………… 157

⑥ 免税事業者から簡易課税事業者への転換 ……………………… 161

第4章　適格請求書等保存方式の実務

1 適格請求書の記載事項と記載例　169

① 適格請求書の記載事項 …………………………………………… 169

② 適格請求書の様式 ………………………………………………… 169

③ 電磁的記録による情報提供 ……………………………………… 170

④ 電磁的記録の保存方法 …………………………………………… 171

⑤ 適格請求書の具体的記載例 ……………………………………… 172

⑥ 適格請求書に係る消費税の端数処理 …………………………… 173

⑦ 納品書と請求書とを合わせて記載事項の要件を満たす場合 …… 174

⑧ 軽減税率の適用対象となる商品がない場合の適格請求書の記載例

…………………………………………………………………… 175

⑨ 登録日である令和5（2023）年10月1日をまたぐ請求書の記載事

項 …………………………………………………………………… 176

2 適格請求書発行事業者の義務　179

① 適格請求書の交付義務 ……………………………………………………… 179

② 適格請求書の交付義務が免除される公共交通機関の特例 ……… 180

③ 自動販売機及び自動サービス機の範囲 ……………………………… 180

④ 誤った適格請求書を交付した場合 ……………………………………… 181

⑤ 適格請求書等保存方式の下での仕入税額控除要件 ……………… 182

⑥ 適格請求書発行事業者でなくなった後の義務 ……………………… 183

⑦ 委託販売の場合 …………………………………………………………… 183

⑧ 家事共用資産と共有物の取扱い ………………………………………… 186

⑨ 立替金と口座振替家賃の取扱い ………………………………………… 187

⑩ 適格請求書類似の書類等の交付禁止 ………………………………… 188

⑪ 適格請求書の写しの保存期間 …………………………………………… 188

3 適格返還請求書の記載事項　189

① 適格返還請求書の意義 …………………………………………………… 189

② 適格返還請求書の記載事項 ……………………………………………… 189

③ 適格請求書と適格返還請求書を一の書類で交付する場合 ……… 190

4 税額の計算方法　192

① 売上税額の計算 …………………………………………………………… 192

② 仕入税額の計算 …………………………………………………………… 193

③ 消費税額の計算方法のまとめ …………………………………………… 194

5 帳簿の記載事項　196

① 帳簿の記載事項 …………………………………………………………… 196

② 帳簿のみの保存により仕入税額控除が認められる場合 ………… 196

③ 仕入計算書及び仕入明細書 ……………………………………………… 197

6 適格請求書発行事業者が死亡した場合の実務　199

① 適格請求書発行事業者が死亡した場合 ……………………………… 199

② 適格請求書発行事業者登録の効力 ………………………………… 199

③ 合併等の場合における登録の効力 ………………………………… 201

④ 被相続人が登録取消しの届出書を提出後に死亡した場合 ……… 202

⑤ 相続人が免税事業者の場合 ………………………………………… 202

⑥ 相続人が免税事業者になる場合 …………………………………… 203

第5章　適格簡易請求書の実務

1　適格簡易請求書の概要　207

2　適格簡易請求書の記載事項　208

3　適格請求書との相違点　210

4　一括値引きがある場合の適格簡易請求書の記載方法　211

5　税抜価額と税込価額が混在する場合の消費税額の記載方法　213

第6章　電子インボイスの導入

1　電子インボイスの概要　217

① 電子インボイス導入の背景 ………………………………………… 217

② 電子インボイスの信頼性確保のための要件 ……………………… 219

③ 電子インボイスと電子保存法 ……………………………………… 221

2　電子インボイスの取扱い　223

① 電子インボイスと適格請求書 ……………………………………… 223

② 適格請求書とされる電子インボイスの要件 ……………………… 224

③ 適格簡易請求書も電子インボイスに含まれるか？ ……………… 225

④ 請求書を書面で交付し、明細書を電磁的記録で提供する場合 … 226

⑤ 提供した電子インボイスの保存期間と保存方法 ……………… 227

⑥ 電子インボイス作成のシステムを利用して紙ベースの適格請求書
  を交付する場合 ……………………………………………… 229

⑦ 提供を受けた電子インボイスの保存期間及び保存方法 ……… 230

⑧ 提供を受けた電子インボイスの書面による保存 …………… 232

⑨ 書面と電子インボイスを合わせた仕入明細書 ……………… 232

3　欧州における電子インボイスの動向　235

① EU における電子インボイスの意義 …………………………… 235

② 簡易インボイス ………………………………………………… 236

③ 電子インボイスの保存 ………………………………………… 237

④ 電子及び紙ベースのインボイスに関する中立性 …………… 238

⑤ 2010 年 VAT 指令後の電子インボイスの問題点 …………… 239

4　韓国における電子インボイスの動向　241

① 韓国における電子インボイス ………………………………… 241

② 電子インボイスを用いた取引フロー ………………………… 242

③ 不正インボイスへの対処 ……………………………………… 243

④ 電子インボイスの標準化 ……………………………………… 244

⑤ 電子インボイスの義務化 ……………………………………… 245

⑥ 租税回避行為への対処 ………………………………………… 245

⑦ 電子インボイス移行への誘因と成果 ………………………… 247

5　諸外国の電子インボイスに関する取り組みから見たわが国への示唆　249

① 電子インボイスの採用：強制か選択か ……………………… 249

② 電子インボイスの標準化 ……………………………………… 251

（※）　本書の内容は、令和 5 年 2 月 1 日現在の法令等によっています。

―――――― 凡　例 ――――――

消　法 ―――――― 消費税法

法附則 ―――――― 消費税法（昭和 63 年法律第 108 号）附則

平 28 改正法附則 ―― 所得税法等の一部を改正する法律（平成 28 年法律第 15 号）附則

消　令 ―――――― 消費税法施行令

平 28 改正令附則 ―― 消費税法施行令等の一部を改正する政令（平成 28 年政令第 148
　　　　　　　　　号）附則

平 30 改正令附則 ―― 消費税法施行令等の一部を改正する政令（平成 30 年政令第 135
　　　　　　　　　号）附則

消　規 ―――――― 消費税法施行規則

平 28 改正規附則 ―― 消費税法施行規則等の一部を改正する省令（平成 28 年財務省令第
　　　　　　　　　20 号）附則

地　法 ―――――― 地方税法

独禁法 ―――――― 私的独占の禁止及び公正取引の確保に関する法律

消費税転嫁対策特別措置法 ―― 消費税の円滑かつ適正な転嫁の確保のための消費税の転
　　　　　　　　　嫁を阻害する行為の是正等に関する特別措置法

電帳規 ―――――― 電子計算機を使用して作成する国税関係帳簿書類の保存方法等の
　　　　　　　　　特例に関する法律施行規則

消基通 ―――――― 消費税法基本通達

軽減通達 ――――― 消費税の軽減税率制度に関する取扱通達（平成 28 年 4 月 12 日付
　　　　　　　　　課軽 2 - 1 ほか 5 課共同「消費税の軽減税率制度に関する取扱通達
　　　　　　　　　等の制定について」通達の別冊）

インボイス通達 ―― 消費税の仕入税額控除制度における適格請求書等保存方式に関す
　　　　　　　　　る取扱通達（平成 30 年 6 月 6 日付課軽 2 - 8 ほか 5 課共同「消費
　　　　　　　　　税の仕入税額控除制度における適格請求書等保存方式に関する取
　　　　　　　　　扱通達の制定について」通達の別冊）

Q&A 個別事例編 ―― 「消費税の軽減税率制度に関する Q&A（個別事例編）」平成 28 年
　　　　　　　　　4 月（令和 2 年 9 月改訂）

インボイス Q&A ―― 「消費税の仕入税額控除制度における適格請求書等保存方式に関す
　　　　　　　　　る Q&A」平成 30 年 6 月（令和 4 年 11 月改訂）

※　「新消法」「新消令」「新消規」は、令和 5 年 2 月 1 日時点で未施行の法律等を表して
　　います。

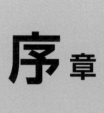

序章

令和5年度税制改正の影響

❶ インボイス制度導入に係る激変緩和措置の背景

　令和5年10月1日からの開始が予定されている消費税のインボイス制度であるが、その導入1年ほど前になって、既に存する措置（第1章❻❺参照）に加え、突如新たな激変緩和措置の話が降ってわいてきた。その理由は、専ら、その大半が中小零細事業者である免税事業者がインボイス制度に対応できないためである。実際、総務省の経済センサスの企業数を基にした東京商工リサーチの調査では、2022年10月末日現在におけるインボイス制度の登録（適格請求書発行事業者の登録）割合は、企業全体では37.1％に過ぎず、個人企業（フリーランスの免税事業者）に限ると14.9％にとどまっている、ということである[1]。この理由については、現在、国税庁による懸命の広報活動にもかかわらず、免税事業者である中小零細企業の間でインボイス制度の認知が進んでいないということもあるだろうが、それ以上に、当該事業者がインボイスを発行できる適格請求書発行事業者の登録を行うメリットを感じないことから、模様眺めとなっているのではないかと考えられる。

　先に出版した拙著『Q&Aでわかる消費税軽減税率のポイント』（清文社・2016年）で指摘して以来、筆者が度々強調してきたことであるが、インボイス制度の本質は、免税事業者がインボイスを発行できないことから、免税事業者からの仕入れに係る消費税額は仕入税額控除の対象とはならないという点である。そのため、インボイス制度が導入されれば、課税事業者（適格請求書発行事業者）は、インボイスを発行できず仕入税額控除の対象とはならない免税事業者からの仕入れを躊躇するため、結果として免税事業者が取引から排除されることが懸念されるのである。このような事態を回避する

---

[1] 東京商工リサーチ「インボイス制度の登録が難航　10月末の登録率は37.1％、個人企業は14.9％と低迷」東京商工リサーチホームページ、2022.11.10、https://www.tsr-net.co.jp/news/analysis/20221110_01.html

序章　令和5年度税制改正の影響

ため、免税事業者の多くはインボイスを発行できる課税事業者（適格請求書発行事業者）に転換すべきとなるわけであるが、そもそも消費税の納税義務者ではなかった免税事業者にとって、納税義務者としてインボイスの発行を含む消費税の実務を新たに担うことは、少なからぬ負担となる。特に、零細な事業主であるフリーのイラストレーターやアニメーター、文筆家、ウェブデザイナー等にその負担を課すことは、それらの事業主の事業の存続さえ脅かしかねない重大な事態ともいえる。そのような事業者からの切実な批判の声にたじろいだ政府・与党が、今回のような激変緩和措置と称する「弥縫策」を採ったものと推測される。

❷ インボイス制度導入に係る激変緩和措置の内容

それでは、上記を背景に令和5年度税制改正大綱で導入が決まった、インボイス制度導入に係る追加的な激変緩和措置の内容はどういうものなのか、以下で確認しておきたい。

ア．免税事業者から転換した適格請求書発行事業者の納税額は売上の2割に

免税事業者が適格請求書発行事業者に転換した場合において、当初3年間（令和5年10月1日から令和8年9月30日までの日の属する各課税期間）につき、確定申告書にその旨を附記することにより、その納税額を売上税額の一律「2割」とする措置が導入された。

なお、当該措置の適用を受けた適格請求書発行事業者が、当該措置の適用を受けた課税期間の翌課税期間中に、簡易課税制度の適用を受ける旨の届出書を納税地を所轄する税務署長に提出したときは、その提出した日の属する課税期間から簡易課税制度の適用が認められることとなる。

イ．一定規模以下の事業者が行う1万円以下の取引は帳簿のみで仕入税額控除が可能に

令和5年10月1日から令和11年9月30日までの間の6年間に国内において行う課税仕入れにつき、基準期間の課税売上高が1億円以下又は特定期

4

間における課税売上高が5,000万円以下の事業者が行う1万円以下の少額の取引について、インボイスの保存がなくとも帳簿のみで仕入税額控除を可能とする事務負担軽減策が講じられた。

なお、ここでいう「1万円以下の少額の取引」とは、一回の取引の課税仕入れに係る税込みの金額が1万円以下であるどうかにより判定することとなる（消基通11-6-2参照）。

ウ．1万円以下の少額適格返還請求書の交付義務が免除に

税込価額1万円以下の少額の適格返還請求書について、その交付義務が免除されることとなった。これは、振込手数料相当額を値引きとして処理する場合等の事務負担を軽減する観点から導入された措置である。

図表序－1 ●少額な返還インボイスの交付義務の免除

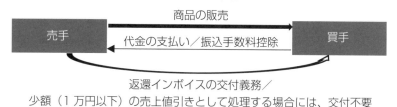

❸ 適格請求書発行事業者登録制度の見直し

また、令和5年度税制改正大綱では、適格請求書発行事業者登録制度につき、以下の見直しがなされた。

ア．課税期間の初日から登録を受けようとする免税事業者の登録申請書の提出期限

免税事業者が適格請求書発行事業者の登録申請書を提出し、課税期間の初日から登録を受けようとする場合には、当該課税期間の初日から起算して15日前の日（現行：当該課税期間の初日の前日から起算して1月前の日）までに登録申請書を提出する必要がある。

例えば、3月決算法人であれば、前課税期間の3月17日までに申請書を

提出すれば、翌課税期間の4月1日から適格請求書発行事業者となる。

イ．翌課税期間の初日から登録を取り消そうとする事業者に係る届出書の提出期限

適格請求書発行事業者が登録の取消しを求める届出書を提出し、その提出があった課税期間の翌課税期間の初日から登録を取り消そうとする場合には、当該翌課税期間の初日から起算して15日前の日（現行：その提出があった課税期間の末日から起算して30日前の日の前日）までに届出書を提出する必要がある。

ウ．適格請求書発行事業者の登録希望日の記載

適格請求書発行事業者の登録等に関する経過措置の適用により、令和5年10月1日後に適格請求書発行事業者の登録を受けようとする免税事業者は、その登録申請書に、提出する日から15日を経過する日以後の登録希望日として記載するものとする。この場合において、当該登録希望日後に登録がされたときは、当該登録希望日に登録を受けたものとみなされる。

エ．申請期限後に提出する場合に記載する「困難な事情」

今回の改正の趣旨を踏まえ、令和5年10月1日から適格請求書発行事業者の登録を受けようとする事業者が、その申請期限後に提出する登録申請書に記載する「困難な事情」については、運用上、記載がなくとも改めて求められないものとされている。

❹ 消費税に関する令和5年度税制改正の評価

令和5年度の消費税インボイス制度に係る税制改正については、近年の税制の「朝礼暮改」「ドタキャン」ともいうべきトレンドに沿ったものと評価できよう。すなわち、平成の中盤まではあった与党税調・政府税調・課税庁の絶対的な権威が、少しずつ失墜しつつある過程が顕在化しているというわけである。これは、往年の課税庁や自民党税調のように、国民の批判がいかに強くとも、国家のために必要な措置と信ずるものであれば、理屈でゴリゴ

リ押してくることを厭わない時代を知る者としては、隔世の感があり、ノスタルジーを感じないわけでもない。しかし、国民主権に基礎を置く民主主義国家における税制という意味では、このような流れは決して悲観すべき現象ではないかもしれない。令和の時代は、たとえ一度決まった税制であっても、法ないし通達の施行前[2]であれば、国民の声により変えることができると認識すべきである。本書は他の実務解説書と比較すると、筆者の（個人的）見解が散りばめられているが、最近の税制のトレンドを見る限りにおいては、当局の見解をただ解説する書籍よりも多少は存在意義があるかもしれない。

　とはいえ、消費税のインボイス制度をめぐる政府や課税庁の姿勢を目の当たりにする限りでは、消費税制度の根幹が崩壊しかねない懸念すら抱かざるを得ない。消費税はその負担が最終的に個人に転嫁されることが予定されている税制であるが、納税者はあくまで事業者である。したがって、消費税制度は、事業者の協力なしには成り立たない。その意味で、所得税制が源泉徴収義務者の協力なしには成り立たない状況と類似する。にもかかわらず、政府や課税庁は消費税制のキープレイヤーである事業者を粗略に扱い過ぎてはいないだろうか。例えば、消費税は個人からの「預り金（的性格の金銭）」であるから、その納税義務の不履行は法人税・所得税（事業所得）のそれよりも悪質であるとして、仕入税額控除の否認を乱発するなど、税務調査において厳しい姿勢で臨んできている。このような傾向は、インボイス制度が導入されれば、インボイスの形式要件を過度に厳格に適用することで仕入税額控除の否認を乱発し事業者を苦しめるという形で、さらに加速することが懸念されるところである。

　仕入税額控除は、消費税制における税額算定の基本要素であり、必要欠くべからざる仕組みである。仮に消費税において仕入税額控除が機能しないの

---

[2] 最近では、通達のパブリックコメントを受けて方針の変更を迫られた、所得税法上の雑所得の範囲について（所基通35−2）の取り扱いを巡るものが記憶に新しい。

であれば、そのような課税はもはや付加価値税の名に値しない、事業者に対する本税のない重加算税賦課ともいうべき懲罰的課税に堕していると言わざるを得ない。仮にインボイスの導入を機に、課税庁が仕入税額控除を厳格に適用するといった執行方針に改めるとしたならば、消費税制の最大の協力者であるべき事業者にそっぽを向かれかねない。

　最近筆者は、コロナ禍や円安、エネルギー価格上昇によるインフレ懸念といった事象を背景に、国民の消費税（負担）に対する眼差しが日に日に厳しくなっているのをひしひしと感じている。そのようなベースの上に、誤った税制の執行により、事業者からも協力が得られないような事態になれば、国の基幹税である消費税の屋台骨が根本から揺らぎかねないのではないだろうか。

❺ 激変緩和措置導入に伴う対応策

　それでは、消費税のインボイス制度導入に係る追加的な激変緩和措置の導入により、現在免税事業者である場合には、何か対応を変えるべきなのであろうか。確実に言えることは、免税事業者については、仮に取引先からの要請で適格請求書発行事業者へと転換しなければならない場合であっても、合わせて簡易課税制度の適用を受ける旨の届出書を提出することは、少なくとも当初3年間は不利になる可能性が高いという点である。

　すなわち、❷ア．の導入により、適格請求書発行事業者へと転換する免税事業者は、当初3年間（令和5年10月1日から令和8年9月30日までの日の属する各課税期間）につき、確定申告書にその旨を附記することにより、その納税額を売上税額の一律2割とする措置（2割課税）が導入されたのであるが、これはいわば、簡易課税制度の第2種事業（小売業）のみなし仕入率（80%）が適用されるのと同じことを意味する（次頁の表参照）。したがって、適格請求書発行事業者へと転換する免税事業者は、当初3年間については、簡易課税制度の第1種事業（卸売業）に該当する事業者でない限

図表序－2　簡易課税制度の事業区分とみなし仕入率

事業区分	みなし仕入率	該当する事業
第1種事業	90%	卸売業
第2種事業	80%	小売業
第3種事業	70%	農・林・漁業＊、鉱業、建設業、製造業、電気・ガス・熱供給業、水道業
第4種事業	60%	第1種・2種・3種・5種・6種以外の事業（飲食店等）
第5種事業	50%	運輸通信業、金融業、保険業、サービス業
第6種事業	40%	不動産業

（注1）　色付きの事業区分は、適格請求書発行事業者に転換し、簡易課税制度の選択は行わず、激変緩和措置（納税額を売上税額の一律2割とする措置）の適用を受けた方が原則として有利であるケースを指す。

（注2）　平成30年度の税制改正で、第3種事業の中の「農・林・漁業」のうち、飲食料品の譲渡を行う部分は第2種事業、飲食料品の譲渡を行う部分以外の部分は引き続き第3種事業とされている。

り、簡易課税制度の適用を受けることは不利となるわけである。なお、適格請求書発行事業者へと転換した免税事業者は、上記3年間を経過したのちは、当該措置が継続されない限り、原則として簡易課税制度の適用を検討すべきであろう（第3章❹❻参照）。

　また、適格請求書発行事業者への転換と同時に簡易課税制度の適用を受けると、仮に適用後に多額の設備投資を行って消費税が還付のステータスとなっても、還付申告が行えないというリスクもあるため、注意を要する。一方で、簡易課税制度の適用を受けなければ、激変緩和措置か原則（本則）課税かの選択は、確定申告時に行えばよく、事前の届出は不要となる。これらを考慮すると、適格請求書発行事業者へと転換する免税事業者は、当初3年間（令和5年10月1日から令和8年9月30日までの日の属する各課税期間）については、原則として[3]簡易課税制度の適用は受けずに、納税額を売

---

[3] 第1種事業（卸売業）に該当する事業者は、原則として簡易課税制度の適用を受ける方が有利といえる。

上税額の一律2割とする激変緩和措置の適用を受けるのが得策であるといえよう。

それでは、税制改正の適用関係を確認するため、令和5年10月1日から適格請求書発行事業者へと転換するサービス業を営む免税事業者（3月決算法人）が、激変緩和措置（納税額を売上税額の一律2割とする措置）の適用を受けるケースにつき、以下の設例に基づきみていきたい。

図表序－3 ●適格請求書発行事業者へと転換する免税事業者のステータス
・令和5年10月1日から適格請求書発行事業者へと転換する免税事業者（適格請求書発行事業者の届出書提出）
・3月決算法人
・簡易課税制度の場合第5種事業（サービス業）に該当（5割課税）
・令和5年10月1日～令和9年3月31日までの課税期間については簡易課税の適用を受けない
・令和9年4月1日～令和10年3月31日までの課税期間中に簡易課税事業者選択の届出書を提出

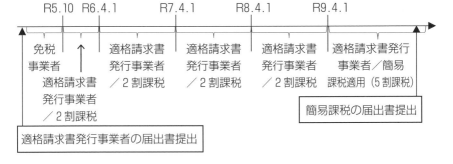

この場合、令和5年10月1日から令和9年3月31日までの各課税期間については、適格請求書発行事業者であるものの、2割課税の適用が受けられる。令和9年4月1日以降の課税期間については、令和10年3月31日（当該課税期間の終了の日）までに簡易課税事業者選択の届出書を提出すれば、当該課税期間から簡易課税の適用が受けられる（前述❷ア．参照）。

第1章

軽減税率及び
インボイス制度の
概要

1 消費税率引上げとインボイス制度導入までの経緯

　わが国の消費税法は、昭和40年代後半からその導入に関し議論が始まったが、昭和50年代の一般消費税、昭和60年代の売上税がともに頓挫するという難産の末、昭和63年12月に制定され、元号が変わった翌年の平成元年4月1日から実施された。

　消費税創設の趣旨を定めた税制改革法第10条第1項によれば、消費税は、「税体系全体を通ずる税負担の公平を図るとともに、国民福祉の充実等に必要な歳入構造の安定化に資するため、消費に広く薄く負担を求める」税制として導入されたとされる。その後、バブル崩壊と失われた10年・20・30年というわが国経済の低迷により、それまでの基幹税であった個人所得税・法人所得税の税収が伸び悩む一方で、少子高齢化の進行で社会保障関連支出が確実に増大することとなった。そのため、わが国はそれに伴う歳入欠陥を補

図表1-1　●一般会計税収の推移

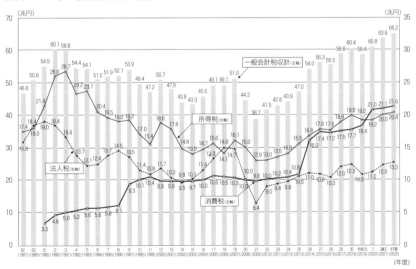

（注）　令和3年度以前は決算額、令和4年度は予算額である。
（出典）　財務省ホームページ

うために、公債発行の増額と消費税率の引上げを余儀なくされたところである。

消費税率は、平成元年の導入時には上記税制改革法にあるとおり「消費に薄く負担を求める」という趣旨から3%であったが[1]、歳入欠陥を埋めるほぼ唯一の税制上の「切り札」という役目を果たすため、平成9年4月1日から5%（うち地方消費税1%）に引き上げられた。しかし、わが国経済の低迷と少子高齢化というトレンドはその後も継続し、歳入欠陥は益々深刻化したことから、平成24年8月の民主（当時）・自民・公明三党のいわゆる「三党合意」により、税と社会保障の一体改革に基づく消費税率の引上げを主たる内容とする税制改革が行われた。これにより、平成26年4月から8%（うち地方消費税1.7%）に、平成27年10月から10%（うち地方消費税2.2%）に二段階で引き上げられることとなった。なお、税率8%への引上げは予定どおり行われたが、10%への引上げは2回延期され、元号が変わった令和元（2019）年10月1日（計4年間の延期）にずれ込むこととなった。

消費税率引上げを主たる内容とする平成24年度の消費税法の抜本改革法（社会保障の安定財源の確保等を図る税制の抜本的な改革を行うための消費税法の一部を改正する等の法律）は、上記税制改革法の「消費に薄く負担を求める」という趣旨を維持することはできなかったが、「国民福祉の充実等に必要な歳入構造の安定化に資するため」という理念は引き継いでいる。すなわち、税と社会保障の一体改革において、社会保障関連費用の増加・充実分は専ら消費税により賄うということ（消費税の社会保障目的税化）が確認され、その趣旨は、消費税法第1条第2項に以下の条文が加えられたことで法律上、明確化された。

---

[1] 導入当初は普通乗用自動車に対する税率は6%とされていた（一種の超過税率、法附則11①）。当該経過措置は平成4年3月31日までとされていたが、厳しい財政事情に対処するため、税率を4.5%に下げた上で2年間延長され、平成6年3月31日をもって廃止された。

> 消費税の収入については、地方交付税法（昭和二十五年法律第二百十一号）に定めるところによるほか、毎年度、制度として確立された年金、医療及び介護の社会保障給付並びに少子化に対処するための施策に要する経費に充てるものとする。

なお、同様の規定は地方消費税法にもある（地方消費税の使途、地法72の116）。

> 道府県は、前条第二項に規定する合計額から同項の規定により当該道府県内の市町村に交付した額を控除した額に相当する額を、消費税法第一条第二項に規定する経費その他社会保障施策（社会福祉、社会保険及び保健衛生に関する施策をいう。次項において同じ。）に要する経費に充てるものとする。
> 2　市町村は、前条第二項の規定により道府県から交付を受けた額に相当する額を、消費税法第一条第二項に規定する経費その他社会保障施策に要する経費に充てるものとする。

さらに、平成24年度の抜本改革法は、税率が二桁の10％になるにあたり、低所得者に配慮する観点から、マイナンバー（個人番号）制度による給付つき税額控除制度や複数税率の導入を検討することを求めていた（同法7一イ・ロ）。そのため、政権交代後の安倍内閣は、いずれを導入するのか検討を行ったが、連立政権を組む公明党の主張を取り入れる形で、低所得者対策としては複数税率（軽減税率）の導入に踏み切ることとなった。これが次頁以下にみる平成28年度の消費税に係る税制改正である。

第 1 章　軽減税率及びインボイス制度の概要

2 平成 28 年度税制改正等

　平成 28 年度の消費税に係る税制改正のポイントは、軽減税率の導入とインボイス制度の採用の 2 点である。両者に加え、令和 2 年度の税制改正で導入された法人税に係る消費税の申告期限の特例について、その概要をみていきたい。

❶ 軽減税率の導入

　消費税の逆進性を緩和し、低所得者の負担を軽減するための措置として、飲食料品及び定期購読契約に係る新聞に対する軽減税率（8%）が導入された。

　なお、「軽減税率」は、標準税率（10%）に対して低く軽減されているということを意味する用語で、標準税率以外の税率（軽減税率が複数ある場合や標準税率よりも高い超過税率がある場合も考えられる）がある場合の税率構造を一般に「複数税率」という。

❷ インボイス制度の採用

　同時に、仕入税額控除に関し、諸外国の付加価値税制では当然のように採用されているインボイス（適格請求書）が新たに採用された。

　ところで、軽減税率の導入と同時にインボイス制度を導入したのは、適用税率が複数となりその区分を明確に表記した証憑（請求書等）が必要だからという説明がなされることがあるが、これは誤りである[2]。請求書へのそのような記載は、2019（令和元）年 10 月に軽減税率と同時に導入された「区分記載請求書」でも必要であるとされているが、当該請求書は 2023（令和

---

[2] 消費税導入時にインボイスを入れ損なった財務省が、導入のタイミングを虎視眈々と狙っていて、ようやく「複数税率化」にかこつけて採用したというのが実際のところであろう。

16

5）年10月から導入予定のインボイス（適格請求書）とは明確に異なる。消費税を含む付加価値税制におけるインボイス（「EU型インボイス[3]」と称することがある）とは、ただの請求書ではなく、課税事業者にのみ発行することが許される、税務目的の「特別の請求書」をいうのである。

　ではなぜ、課税事業者のみがインボイスを発行することができるのであろうか。これは、付加価値税制においては、事業者間の税額転嫁の鎖（チェーン）がスムーズにつながっていることが重視され、それは事業者間の相互牽制により担保されるという理解があるからである。ここでいう「事業者間の相互牽制」とは、課税事業者間の相互牽制をいい、売手が発行した請求書に記載された税額を買手が確実に仕入税額控除の対象とするため、その請求書の内容を確認するというフローが連鎖することで、税額転嫁の正確性と確実性が担保されるということを意味する。当該相互牽制は、EU型インボイス制度のように、虚偽記載のインボイスの交付行為に罰則がある場合において、より実効性がある[4]。

　仮に、売手が免税事業者の場合には、そこから課税事業者である買手に渡る請求書は「インボイス」ではないため、当該請求書に消費税額が記載されていたとしても、買手はそれを根拠に仕入税額控除の対象とすることはできない。そうなると、課税事業者である買手は、免税事業者である売手からの仕入れを回避するようになることが予想される。なぜなら、免税事業者である売手からの仕入れは仕入税額控除の対象とはならないため、買手である課税事業者はそこからの仕入れを行った場合、当該仕入れに含まれている税額を（控除できないため）自らが負担するか、もしくはその分を価格の引上げを通じて最終消費者に転嫁することを余儀なくされるからである。

　このことを図で示すと次頁のようになる。

---

[3] 例えば、財務省編『平成28年度税制改正の解説』763-764頁参照。
[4] わが国でもインボイス制度導入にあたり、罰則が盛り込まれている（新消法65四）。

図表1−2 ●取引のチェーンと仕入税額控除の可否

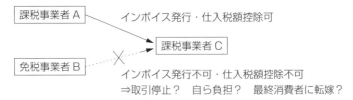

要するに、わが国においてこのタイミングでインボイス制度を導入する理由は、専ら、免税事業者からの仕入れに係る仕入税額控除を排除することによる、益税問題の解消という意味合いが強いということになる。

なお、インボイス制度導入後における事業者免税点制度の問題については、後述6を参照のこと。

❸ 法人に係る消費税の申告期限の特例

これまで多くの納税者からその不備を指摘されながら、課税庁が重い腰を上げなかった事項がようやく改正されることとなった。これが令和2年度の税制改正で導入された、法人税に係る消費税の申告期限の特例である。その内容を以下で確認する。

ア．制度の趣旨

法人税においては、確定した決算に基づき法人所得を計算する必要があることから、会計監査などの理由により決算が確定していない場合には、税務署長の承認を受けることを条件に、申告書の提出期限を原則の日から1か月以内に限り（原則：事業年度終了の日の翌日から2か月以内、法法74①）延長することが認められている（法法75の2①）。

これに対し、消費税に関しては、取引ごとに課税関係が明らかになるという税目の性格上、必ずしも法人税のように確定した決算に基づき確定申告を行う必要がないことから、原則として確定申告書の提出期限を延長する特例は設けられていなかった[5]、とされてきたところである。

平成 28 年度税制改正等

　しかし、実際問題として、決算が確定しなければ、消費税の課税標準を算定する際に必要となる売上や仕入れの金額も確定しないことから、実務上は、それらの見積金額で消費税の申告を行い、決算が確定した時点で必要な修正申告を行っているというのが実情である。そこで、このような納税者・事業者の実態を考慮し、経済界からの強い要請を受け入れる形で、令和 2 年度の税制改正でようやく実現したのが消費税の申告期限の延長である。

イ．適用対象事業者

　法人税の確定申告書に係る提出期限の延長を行っている法人事業者が、「消費税の確定申告書の提出期限を延長する旨の届出書（延長届出書）」を提出することにより、消費税の確定申告書につきその提出期限が 1 か月延長されることとなる（消法 45 の 2①）。ここで重要なのは、法人税の確定申告書につき申告期限の延長を行っている法人に限定される、という点である。そのため、法人税に関し確定申告書の提出期限の延長を行っていない法人事業者の場合は、原則どおり、消費税の確定申告期限は課税期間終了の日の翌日から 2 か月以内となる（消法 45①）。

ウ．適用時期

　上記改正は、令和 3（2021）年 3 月 31 日以後に終了する事業年度の末日に属する課税期間から適用されることとなる。

エ．利子税

　法人税の場合と同様に、消費税においても、本来の申告期限後の期間に対応する利子税が課されることとなるが、当該利子税は、損金算入されない罰金・科料等には該当しないことから（法法 55③④）、法人税の申告において損金算入される。

オ．延長届出書の記入例

　「消費税の確定申告書の提出期限を延長する旨の届出書（延長届出書）」の記入例は次頁のとおりである。

---

[5] 財務省編『令和 2 年度税制改正の解説』742 頁。

第1章　軽減税率及びインボイス制度の概要

第28-(14)号様式

消 費 税 申 告 期 限 延 長 届 出 書

収受印			
令和 3年 3月 1日	届　出　者	（フリガナ）	トシマク　ヒガシイケブクロ
		納　税　地	（〒 170 － 0013 ） 豊島区東池袋 1-2-3 （電話番号　03 － 6000 －××××）
		（フリガナ）	トシマショウジカブシキガイシャ
豊島 税務署長殿		名 称 及 び 代表者氏名	豊島商事株式会社 代表取締役　佐藤　一郎
		法 人 番 号	1 2 3 4 5 6 7 8 9 0 1 2 3

　下記のとおり、消費税法第45条の2 第1項／第2項 に規定する消費税申告書の提出期限の特例の適用を受けたいので、届出します。

提出法人の区分	☑ 単体法人 ☐ 連結親法人 ☐ 連結子法人	事業年度又は 連結事業年度	自 4月 1日 至 3月 31日
適用開始課税期間	自 令和 2年 4月 1日	至 令和 3年 3月 31日	
適用要件等の確認	法人税法第75条の2に規定する申請書の提出有無		㊲ ・ 無
	国、地方公共団体に準ずる法人の申告期限の特例の 適用を受けていない		☑ は　い
参 考 事 項			
税 理 士 署 名	田中　次郎		（電話番号　03 － 5555 －××××）

※税務署処理欄	整理番号		部門番号		番号 確認	通 信 日 付 印 年　　月　　日	確認
	届出年月日	年　月　日	入力処理	年　月　日		台帳整理	年　月　日

注意　1．裏面の記載要領等に留意の上、記載してください。
　　　2．税務署処理欄は、記載しないでください。

3 軽減税率及びインボイス制度導入のスケジュール

軽減税率（既に導入済み）及びインボイス制度導入に関するスケジュールを確認しておくと、概ね以下のとおりとなる。

図表1－3 ●軽減税率及びインボイス制導入に係るスケジュール

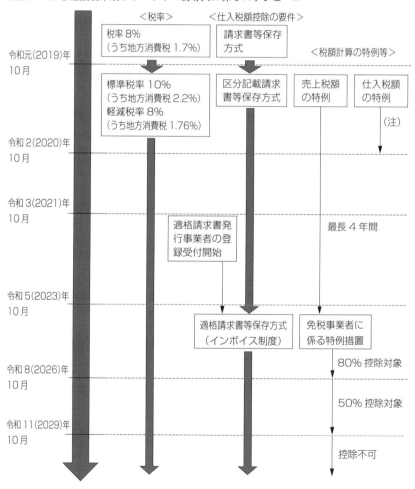

（注） 令和2（2020）年9月30日の属する課税期間の末日までの期間に適用があるため、例えば、8月決算であれば、令和3（2021）年8月31日まで適用がある。

インボイス制度導入の経緯

❶ インボイスとは

　インボイス（税額票という訳語を当てられることが多いが、わが国の法令上は「適格請求書」という、新消法57の4①）とは、一般に、事業者が商品等の販売の都度発行することとなる、商品ごとの消費税率と消費税額とを詳細に記載した請求書のことを指す。

　軽減税率導入前のわが国の消費税法においては、仕入税額控除の方法として、事業者が保存する帳簿及び請求書等の証票により行うこととなる「請求書等保存方式[6]」を採用していた（旧消法30⑦）。当該方式は、事業者に対して、帳簿の保存に加え[7]、取引の相手方（第三者）が発行した請求書等という客観的な証拠書類の保存を仕入税額控除の要件とするものである。

　これは世界的にみて極めてユニークな制度で、原理的に、売主が免税事業者で売上に含まれる消費税額を実際には納付していなくても、買主が当該税額について仕入税額控除を行うことが「合法的に」可能となることから、かねてから益税を生み出す根源であるとして批判される仕組みであった。

　軽減税率導入前は実質的に単一税率である[8]ため、請求書等保存方式の下では、請求書等に適用税率や税額を記載することは義務付けられていない。そのため、軽減税率の導入により税率が複数となる場合には、取引を税率ごとに分けた請求書がないと、事業者が正確な仕入税額控除及び納税額の計算

---

[6] 付加価値税制の体系の中では、帳簿（アカウント）方式ということがある。
[7] 平成6年度の税制改正（平成9年4月1日施行）前までは、帳簿又は請求書等の保存でよかった。当該改正を金子名誉教授は「消費税制度をEU型のインボイス方式に切り換えるための準備の意味をもっている」と捉えていた。金子宏『租税法（第二十四版）』（弘文堂・2021年）838頁。
[8] 普通乗用自動車に係る超過税率の適用があった消費税導入時から平成6年3月31日までの期間を除く。

が行えないという問題が生じる可能性があるとの指摘が課税庁等から提起された[9]。

　そこで、軽減税率の採用というタイミングで、世界的に特異なわが国の仕入税額控除制度[10]にようやくメスが入り、付加価値税制における世界標準である、商品や取引等ごとの消費税率と消費税額とを細かく記載した請求書であるインボイスが導入されることとなったわけである。

❷ インボイス制度の本質

　わが国においても軽減税率の採用というタイミングで新たに導入されることとなったインボイス制度であるが、そもそもインボイスとは何を指し、従来の請求書等保存方式とは何が異なるのであろうか。これを理解する上で重要となるのが、従来の請求書等保存方式と欧州型インボイス制度との違いを知ることである。

　両者の相違点は、わが国の制度からみると、大きく以下の2点にある。

　　ア．わが国の制度は、事業者が保存する帳簿書類に基づいて仕入税額控除を行うものであること

　　イ．わが国の制度は、免税事業者からの課税仕入れであっても仕入税額控除が可能であること

　上記アにおいて重要なポイントは、仕入税額控除の要件が取引の相手方が発行するインボイスとなっているわけではないという点である。また、この点に関連し、欧州型インボイス制度におけるインボイスというものは、単なる「税額の明細書」と捉えられがちであるが、それは大いなる誤解で、請求書に消費税の適用税率や税額を記載すれば自動的にインボイス制度に移行す

---

[9] ただし、当該指摘は「区分記載請求書等保存方式」の実施により根拠がないことが判明した。この点については、後述❽❷参照。
[10] わが国の従来の制度は "Credit-Subtraction VAT Without Invoices" と称されることがある。Alan Schenk *et al, Value Added Tax, A Comparative Approach*, Second Edition, Cambridge University Press (2015), at 54.

るというわけではない。これは、軽減税率が導入されたわが国においても、適格請求書という正真正銘のインボイス制度に移行する前に実施される「区分記載請求書等保存方式」は、欧州型のインボイス制度とは似て非なるものであるということからも分かるであろう（両者の相違点については後述**5**参照）。

欧州型のインボイス制度には、適用税率や税額等の記載という「形式要件」と、その発行が登録事業者（課税事業者）に限定されるという「実質要件[11]」とがあり、両者をともに満たす必要があるのである。当該実質要件が、上記イとの関係で重要となる。すなわち、欧州型のインボイス制度の下では、インボイスを発行できない免税事業者からの仕入税額は、原則として仕入税額控除の「対象外」となるのである。

図表1-4 ●インボイス制度の本質

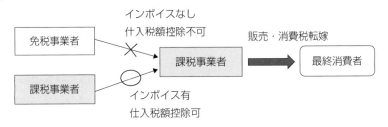

インボイス制度導入後の免税事業者の問題や対処法については、後述**6**参照。

❸ インボイス制度導入までのスケジュール

わが国におけるインボイス制度の導入は、仕入税額控除の方式として適格請求書等保存方式が採用される令和5（2023）年10月1日からとなる予定

---

[11] 欧州の付加価値税制では、課税事業者／免税事業者の区分を一般に登録の有無（registered or unregistered）によって分類し、付加価値税事業者登録を行った事業者のみがインボイスを発行できることとしている。適格請求書等保存方式導入後のわが国の消費税法では、適格請求書発行事業者の登録（第3章参照）がそれに該当するものと考えられる。

である。軽減税率導入前の仕入税額控除の方式である請求書等保存方式から区分記載請求書等保存方式、適格請求書等保存方式に至るまでのスケジュールは、概ね以下のとおりとなる。

図表1－5 ●適格請求書等保存方式への移行スケジュール

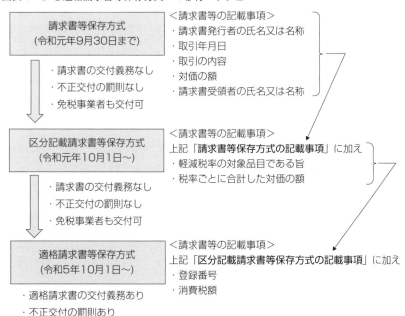

要するに、令和元（2019）年10月1日の軽減税率導入と同時にインボイス（適格請求書）を導入するのではなく、まず軽減税率導入前の制度である請求書等保存方式の微修正である「区分記載請求書等保存方式」を採用し、制度の定着を待って、その4年後である令和5（2023）年10月1日から「適格請求書等保存方式」に変更することにより、制度の円滑な移行を促すという政策的な意図を持ったスケジュールということになるだろう。

第 1 章　軽減税率及びインボイス制度の概要

5 インボイス制度の概要

❶ 請求書等保存方式とは

インボイス（適格請求書）制度及び適格請求書等保存方式についてみていく前に、まず軽減税率導入前の仕入税額控除の方式である請求書等保存方式について確認しておきたい。

請求書等保存方式とは、事業者が仕入税額控除の規定の適用を受けるためには、確定申告期限から7年間にわたり、以下の事項が記載された帳簿及び請求書等[12]を保存することが義務付けられている方式をいう（消法30⑧一、⑨一）。

ア．仕入先（請求書発行者）の氏名又は名称

イ．仕入（取引）年月日

ウ．取引の内容

エ．対価の額

オ．事業者（請求書受領者）の氏名又は名称

ただし、飲食店やタクシー業者など、不特定多数の顧客を相手にする業種の場合には、その交付する領収書・レシート等には買手や顧客の氏名や名称が記載されていないのが通例であるため、上記のうちオの記載は省略しても差し支えない（消令49④二）。

また、仕入金額が3万円未満の場合には、請求書等がなくとも帳簿[13]が保存してあれば仕入税額控除が認められる（消令49①一）。さらに、仕入金額が3万円以上であっても、請求書等の交付を受けなかったことにつきやむを得ない理由があるときには、そのやむを得ない理由及び相手方の住所又は所

---

[12] 請求書、納品書、領収書などの書類をいう。

[13] ただし、帳簿に上記ア～エの事項を記載してあることが必須である（消法30⑧一）。

26

在地を記載すること[14] により、上記ア～オを記載した帳簿の保存で足りることとなる（消令49①二）。

なお、ここでいう「やむを得ない理由」とは、以下の場合が該当するものとされている（消基通11-6-3）。

1）自動販売機を利用した場合

2）乗車券・搭乗券のように回収される場合

3）取引の相手方に請求書等の交付を請求したが、交付を受けられなかった場合

4）課税仕入れを行った課税期間末までにその支払対価の額が確定していない場合

5）その他上記に準じる場合

上記ア～オの要件を満たす帳簿（消法30⑧）及び請求書等（消法30⑨）の内容を表にまとめると、それぞれ以下のようになる。

図表1-6 ●帳簿の要件

課税仕入れに係る場合	課税仕入れの相手方の氏名・名称
	課税仕入れを行った年月日
	課税仕入れに係る資産又は役務の内容
	課税仕入れに係る支払対価の額
課税貨物に係る場合	課税貨物を保税地域から引き取った年月日
	課税貨物の内容
	課税貨物の引取りに係る消費税額（地方消費税額を含む）

---

[14] 国税庁長官が指定する者（鉄道事業者や航空運送事業者等）については、その相手方の住所又は所在地の記載を省略できる（消令49 ①二、消基通11-6-4）。

第 1 章　軽減税率及びインボイス制度の概要

図表 1 − 7 ●請求書等の要件

取引の相手方が作成した書類の場合	書類の作成者の氏名・名称
	課税資産の譲渡等を行った年月日
	課税資産の譲渡等に係る資産又は役務の内容
	課税資産の譲渡等の対価の額（税込価額）
	書類の交付を受ける事業者の氏名・名称
事業者自身が作成した仕入明細書・仕入計算書等の書類の場合（取引の相手方の確認を受けたものに限る）	書類の作成者（事業者）の氏名・名称
	課税仕入れの相手方の氏名・名称
	課税仕入れを行った年月日
	課税仕入れに係る資産又は役務の内容
	課税仕入れに係る対価の額

❷ 区分記載請求書等保存方式とは

❹で説明したとおり、令和元（2019）年 10 月 1 日の軽減税率導入と同時にインボイスを導入するのではなく、まず軽減税率導入前の制度である請求書等保存方式の微修正である「区分記載請求書等保存方式」を採用し、制度の定着を待って、その 4 年後である令和 5（2023）年 10 月 1 日からインボイス方式である「適格請求書等保存方式」に変更することになる。それでは、当該区分記載請求書等保存方式とはどのような制度なのであろうか。

従来の制度である請求書等保存方式に新たに加わる、区分記載請求書等保存方式独自の記載事項は以下のとおりである。

ア．軽減税率の対象品目である旨

イ．税率ごとに合計した対価の額

国税庁のパンフレット[15] によれば、上記ア（図中は A）及びイ（図中は B）を反映した区分記載請求書の具体的な記載例は、以下の 1）〜3）のとおりとなる。

---

[15] 国税庁「軽減税率制度への対応には準備が必要です！」（平成 30 年 12 月）2 頁。

28

1）請求書において、軽減税率の対象となる商品に「※」といった記号を表示する方法

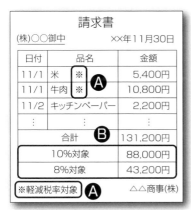

・軽減税率の対象となる商品に「※」といった記号を表示し、かつ「※は軽減税率対象」といった表示を行う⇒Ⓐ
・標準税率（10%）及び軽減税率（8%）の税率ごとに区分して、それぞれ合計した課税資産の譲渡等の対価の額（税込）を記載する⇒Ⓑ

2）一つの請求書に標準税率対象商品と軽減税率対象商品とを区分表示し、そのうち軽減税率対象商品についてはその全体に軽減税率が適用されていることを表示する方法

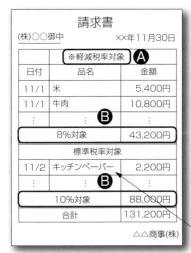

・軽減税率対象商品については、その全体に軽減税率が適用されていることを表示している⇒Ⓐ
・標準税率（10%）対象商品と軽減税率（8%）対象商品とを区分表示している⇒Ⓑ
・標準税率（10%）対象商品と軽減税率（8%）対象商品とを一つの請求書に記載している

> 国税庁のインボイス制度下における記載例で度々登場する「キッチンペーパー」であるが、これは軽減税率が適用される飲食料品と同時に購入する可能性が高い標準税率適用対象品目と当局が考えたゆえであろう

3) 標準税率対象商品と軽減税率対象商品とを別の請求書に分けて作成する方法

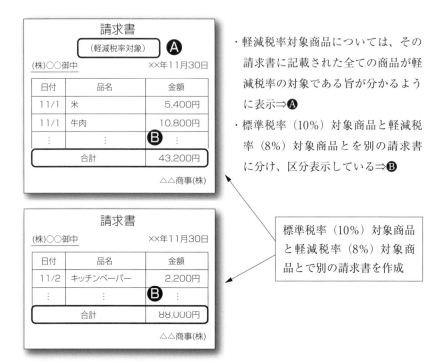

　仮に、軽減税率の対象となる取引がない場合には、請求書に軽減税率の適用対象商品がゼロである旨を表示する必要はない。すなわち、区分記載請求書等保存方式においても、軽減税率の対象となる取引がない場合には、従来の請求書と表示面で何ら差はないこととなる。

　なお、区分記載請求書等保存方式独自の記載事項である2項目は、仕入側で「追記」をすることが認められている（平28改正法附則34③）。すなわち、区分記載請求書等保存方式導入以後は、取引の相手方から、新たに追加された2項目が何らかの理由で記載されてない請求書等を受け取った場合、そのままでは仕入税額控除の要件を満たさないこととなるが、仕入（購入）側で当該請求書等に2項目を追記して保存することで、仕入税額控除の要件を満たすのである。

一方、国税庁によれば、区分記載請求書等保存方式における帳簿の記載事例は以下のとおりとなる。

図表1-8 ●区分記載請求書等保存方式における帳簿の記載事例

総勘定元帳　【仕入勘定】				(税込経理)
××年		摘要		借方（単位：円）
月	日			
11	30	(株)○○物産　　雑貨（11月分）		88,000
11	30	(株)○○物産　　※食料品（11月分） Ⓐ		43,200 Ⓑ
⋮	⋮	⋮		⋮
			(※：軽減税率対象品目)	

・軽減税率の対象となる商品に「※」といった記号を表示する⇒Ⓐ
・「※」などの記号が軽減税率の対象品目であることを記載する⇒Ⓑ

　最後に、請求書等保存方式と区分記載請求書等保存方式とを比較してみると、以下の表のようになる。

図表1-9 ●請求書等保存方式と区分記載請求書等保存方式との比較表

	請求書等保存方式	区分記載請求書等保存方式
帳簿の要件	・相手方の氏名又は名称 ・課税仕入れを行った年月日 ・課税仕入れに係る資産又は役務の内容 ・課税仕入れに係る支払対価の額	・相手方の氏名又は名称 ・課税仕入れを行った年月日 ・課税仕入れに係る資産又は役務の内容（軽減税率対象品目の場合、その内容及びその旨） ・課税仕入れに係る支払対価の額
請求書等の要件	・作成者の氏名又は名称 ・課税資産の譲渡等を行った年月日 ・課税資産の譲渡等に係る資産又は役務の内容 ・課税資産の譲渡等の対価の額（税込価額） ・交付を受ける事業者の氏名又は名称	・作成者の氏名又は名称 ・課税資産の譲渡等を行った年月日 ・課税資産の譲渡等に係る資産又は役務の内容（軽減税率対象品目の場合、その旨） ・税率ごとに合計した課税資産の譲渡等の対価の額（税込価額） ・交付を受ける事業者の氏名又は名称

（注）　相違点（区分記載請求書等保存方式につき新たに加わった要件）は下線で示している。

第 1 章　軽減税率及びインボイス制度の概要

❸ 適格請求書等保存方式

　消費税率の 5 % から 10 % への 2 段階引上げの総仕上げとして、令和 5 (2023) 年 10 月 1 日から、いよいよわが国においても、欧州型（EU 型）インボイス制度である「適格請求書等保存方式」が導入されることとなる。

　適格請求書等保存方式の下では、仕入税額控除の要件につき、原則として、帳簿のみならず適格請求書発行事業者から交付された適格請求書（インボイス）の保存が必要となる（新消法 30 ⑦）。

　ここでいう、適格請求書を発行することができる「適格請求書発行事業者」となるためには、適格請求書発行事業者の登録申請書を税務署長に提出し、登録を受ける必要がある（新消法 57 の 2、後述第 3 章参照）。当該登録申請書は、令和 3 (2021) 年 10 月 1 日から提出可能となる。適格請求書発行事業者の登録を受けると、当該事業者の氏名又は名称及び登録番号が「適格請求書発行事業者登録簿」に登載され、インターネットを通じて公表されることとなる（新消令 70 の 5）。

　なお、適格請求書発行事業者は、基準期間における課税売上高が 1,000 万円以下であっても、免税事業者とはならない（新消法 9 ① カッコ書）。

　適格請求書等保存方式の下で新たに導入される、いわゆるインボイスとなる「適格請求書」とは、以下の事項が記載された書類（請求書、納品書、領収書、レシートなどをいう）をいう（新消法 57 の 4 ①）。

　ア．適格請求書発行事業者の氏名又は名称及び登録番号

　イ．課税資産の譲渡等を行った年月日

　ウ．課税資産の譲渡等に係る資産又は役務の内容（軽減税率対象品目である場合には、その品目の内容及びその旨）

　エ．課税資産の譲渡等の税抜価額又は税込価額を税率ごとに区分して合計した金額及び適用税率

　オ．税率ごとに区分した消費税額等（消費税額及び地方消費税額の合計額）

32

カ．書類の交付を受ける事業者の氏名又は名称

　国税庁のパンフレット[16]によれば、適格請求書の記載例は以下の図のとおりとなる。

図表1-10 ●適格請求書の記載例

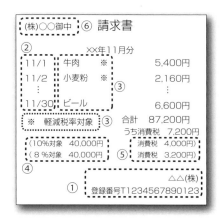

① 適格請求書発行事業者の氏名又は名称及び登録番号
② 課税資産の譲渡等を行った年月日
③ 課税資産の譲渡等に係る資産又は役務の内容（軽減税率対象品目である場合には、その品目の内容及びその旨）
④ 課税資産の譲渡等の税抜価額又は税込価額を税率ごとに区分して合計した金額及び適用税率
⑤ 税率ごとに区分した消費税額等
⑥ 書類の交付を受ける事業者の氏名又は名称

　なお、全ての取引に関し上記の適格請求書の交付が義務付けられているわけではない。適格請求書等の交付を受けることが困難であると考えられる以下のような取引については、一定の事項を記載した「帳簿」のみの保存で仕入税額控除を行うことができる（新消令49①、新消規15の4）。

1) 適格請求書の交付義務が免除される、3万円未満の公共交通機関（船舶、バス、鉄道）による旅客の運送
2) 適格請求書の交付義務が免除される、自動販売機及び自動サービス機（コインロッカーやコインランドリーなど）からの3万円未満の商品の購入等
3) 適格請求書の交付義務が免除される、郵便切手類のみを対価とする郵便・貨物サービス（郵便ポストに差し出されたものに限る）

　また、国税庁のパンフレット[17]によれば、適格請求書等保存方式における

---

[16] 国税庁「消費税の仕入税額控除の方式として適格請求書等保存方式が導入されます」（平成30年4月）2頁。

第1章　軽減税率及びインボイス制度の概要

帳簿の記載例は以下のとおりとなる。なお、帳簿には取引の相手方である適格請求書発行事業者の登録番号を記載することは求められていない。

図表1-11 ●適格請求書等保存方式における帳簿の記載例

総勘定元帳（仕入）　③				※は軽減対象	
××年 ②　月	日	摘要 ①	③	税区分	借方（円）
11	30	△△食品(株)	食料品※	8%	86,400
11	30	○○商事(株)	文房具	10%	④44,000

① 課税仕入れの相手方の氏名又は名称
② 取引年月日
③ 取引の内容（軽減税率対象品目についてはその旨）
④ 対価の額

　最後に、区分記載請求書保存方式と適格請求書等保存方式とを比較してみると、以下の表のようになる。

図表1-12 ●区分記載請求書等保存方式と適格請求書等保存方式との比較表

	区分記載請求書等保存方式	適格請求書等保存方式
帳簿の要件	・相手方の氏名又は名称 ・課税仕入れを行った年月日 ・課税仕入れに係る資産又は役務の内容（軽減税率対象品目の場合、その内容及びその旨） ・課税仕入れに係る支払対価の額	・相手方の氏名又は名称 ・課税仕入れを行った年月日 ・課税仕入れに係る資産又は役務の内容（軽減税率対象品目の場合、その内容及びその旨） ・課税仕入れに係る支払対価の額
請求書等の要件	・作成者の氏名又は名称 ・課税資産の譲渡等を行った年月日 ・課税資産の譲渡等に係る資産又は役務の内容（軽減税率対象品目の場合、その旨） ・税率ごとに合計した課税資産の譲渡等の対価の額（税込価額） ・交付を受ける事業者の氏名又は名称	・<u>適格請求書発行事業者</u>の氏名又は名称及び<u>登録番号</u> ・課税資産の譲渡等を行った年月日 ・課税資産の譲渡等に係る資産又は役務の内容（軽減税率対象品目の場合、<u>その品目の内容及び</u>その旨） ・税率ごとに<u>区分した</u>課税資産の譲渡等の<u>税抜価額又は税込価額の合計額</u>及び<u>適用税率</u> ・交付を受ける事業者の氏名又は名称

（注）　相違点（適格請求書等保存方式につき新たに加わった要件）は下線で示している。

---

[17] 前掲注16の3頁。

34

❹ 適格請求書等保存方式への移行スケジュール

軽減税率導入の令和元（2019）年10月1日から適格請求書等保存方式への移行スケジュールを図示すると、概ね以下のとおりとなる。

図表1-13 ●適格請求書等保存方式への移行スケジュール

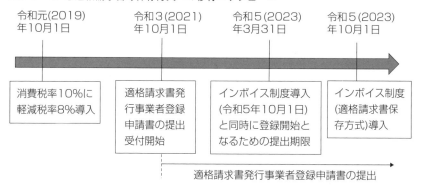

❺ 適格簡易請求書

軽減税率導入に伴う仕入税額控除の適正化のために導入されるインボイス・適格請求書等保存方式であるが、従来の帳簿書類の保存制度と比較すると格段に事業者の事務負担が増加する。しかも、後述するように、事業者等が偽りの請求書を発行した場合には、罰則が適用されるという点でも、従来の制度と比較するとより厳格な制度であるといえる。

ところが、不特定多数の者に対して商品の販売等を行う小売業、飲食店業、タクシー業といた業種については、取引の相手方（買手）の情報を得ることが容易ではないケースも多く、適格請求書の記載要件を全て満たすことが実務上困難である事態も十分想定されるところである。

そこで、適格請求書発行事業者が、不特定かつ多数の者に課税資産の譲渡等を行う以下のア～キの事業を行う場合には、上記❸で説明した適格請求書に代えて、適格請求書の記載内容を簡素化・単純化した「適格簡易請求書」

第 1 章　軽減税率及びインボイス制度の概要

を交付することができることとなった（新消法 57 の 4 ②、新消令 70 の 11）。

　ア．小売業

　イ．飲食店業

　ウ．写真業

　エ．旅行業

　オ．タクシー業

　カ．駐車場業（不特定かつ多数の者に対するものに限る）

　キ．その他これらの事業に準ずる事業で不特定かつ多数の者に資産の譲渡
　　　等を行う事業

　また、適格簡易請求書の簡素化・単純化された記載内容とは、以下の事項
である（新消法 57 の 4 ②）。

　1）請求書発行事業者の氏名又は名称及び登録番号

　2）課税資産の譲渡等を行った年月日

　3）課税資産の譲渡等に係る資産又は役務の内容（軽減税率対象品目であ
　　　る場合には、その品目の内容及びその旨）

　4）課税資産の譲渡等の税抜価額又は税込価額を税率ごとに区分して合計
　　　した金額

　5）税率ごとに区分した消費税額等

　国税庁のパンフレット[18] によれば、適格簡易請求書の記載例は以下の図の
とおりとなる。

---

[18] 国税庁「消費税軽減税率制度の手引き」（平成 30 年 8 月）54 頁。

図表1−14 ●適格簡易請求書の記載例

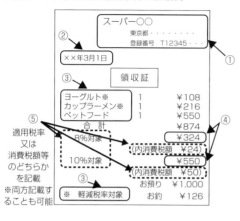

① 請求書発行事業者の氏名又は名称及び登録番号
② 課税資産の譲渡等を行った年月日
③ 課税資産の譲渡等に係る資産又は役務の内容(軽減税率対象品目である場合には、その品目の内容及びその旨)
④ 課税資産の譲渡等の税抜価額又は税込価額を税率ごとに区分して合計した金額
⑤ 税率ごとに区分した消費税額等

適格請求書と適格簡易請求書とを比較すると、以下の表のとおりとなる。

図表1−15 ●適格請求書と適格簡易請求書との比較表

	適格請求書	適格簡易請求書
発行可能な事業者	課税事業者（適格請求書発行事業者）	不特定多数の者に対して商品の販売等を行う小売業、飲食店業、タクシー業等を営む課税事業者
発行者の登録番号の記載	要	要
「適用税率」及び「適用税率ごとの消費税額」の記載	いずれも記載	いずれか記載
交付を受ける事業者の氏名又は名称の記載	要	不要
免税事業者による発行	不可	不可

両者につき記載例を含む比較を示すと次頁の図のとおりとなる。

第1章 軽減税率及びインボイス制度の概要

図表1-16 ●適格請求書と適格簡易請求書との記載事項に係る比較図

【適格請求書（消法57の4①）】

記載事項
①適格請求書発行事業者の氏名又は名称及び登録番号
②課税資産の譲渡等を行った年月日
③課税資産の譲渡等に係る資産又は役務の内容
（当該課税資産の譲渡等が軽減対象課税資産の譲渡等である場合には、その旨）
④課税資産の譲渡等に係る税抜価額又は税込価額を税率の異なるごとに区分して合計した金額及び適用税率
⑤消費税額等
⑥書類の交付を受ける事業者の氏名又は名称

【適格簡易請求書（消法57の4②）】

記載事項
①適格請求書発行事業者の氏名又は名称及び登録番号
②課税資産の譲渡等を行った年月日
③課税資産の譲渡等に係る資産又は役務の内容
（当該課税資産の譲渡等が軽減対象課税資産の譲渡等である場合には、その旨）
④課税資産の譲渡等に係る税抜価額又は税込価額を税率の異なるごとに区分して合計した金額
⑤消費税額等又は適用税率

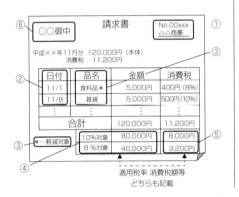

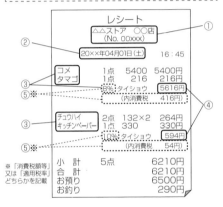

（出典） 財務省『平成28年度税制改正の解説』815頁

6 インボイスの導入と事業者免税点制度

❶ 事業者免税点制度の概要

前述❹❺でみてきたとおり、わが国におけるインボイス制度である適格請求書等保存方式が令和5（2023）年10月1日から導入されるが、これは実のところ免税事業者にとって非常に厄介な（「免税事業者殺し！」の）制度である。その理由については❷以下でみていくこととするが、ここでは、まず、わが国の消費税法における事業者免税点制度の概要を確認しておきたい。

消費税はその導入の際、小規模事業者（なかでも農業従事者）の事務負担を軽減するため、基準期間の課税売上高が一定規模以下の事業者につき、国内取引に係る納税義務を免除する制度を取り入れた（人的非課税）。これを一般に、免税事業者制度又は事業者免税点制度という。

消費税導入当初（平成初頭）において、当該制度の対象となったのは、課税売上高3,000万円以下の事業者と売上規模が比較的高額の事業者であったが、いわゆる「益税」問題への批判が高まったこともあり、平成15年度の税制改正により、平成16年4月1日以降に開始する課税期間から1,000万円に引き下げられて、現在に至っている（消法9①）。

ここでいう「基準期間」とは、個人事業者についてはその課税年度の前々年度をいい、法人についてはその事業年度の前々事業年度[19]をいう（消法2①十四）。事業者が基準期間において免税事業者であった場合、課税売上高の計算の際消費税相当額を含める（それだけ課税売上高が増加するため不利

---

[19] 前々事業年度が1年未満の場合、その事業年度開始の日の2年前の日の前日から同日以後1年を経過する日までの間に開始した各事業年度を合わせた期間が基準期間となる（消法2①十四カッコ書）。

になる）ものとされている（非控除説、最高裁平成17年2月1日判決・民集59巻2号245頁参照）。

図表1－17 ●基準期間（各事業年度は全て1年とする）

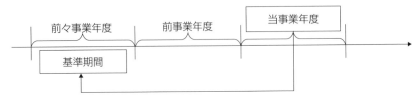

また、「課税売上高」とは、課税資産の譲渡等の対価の額であり（消法9②）、税込の対価から消費税相当額を控除した金額となる（消法28①）。

❷ 事業者免税点制度と租税回避防止規定

事業者免税点制度は、租税回避に利用されることが少なくないため、過去において以下のような租税回避防止規定が矢継ぎ早に設けられてきたところである[20]。

ア．新設法人の特例

第一に、平成22年度の税制改正で、新規の事業者は、事業開始後二年間につき上記①で説明した「基準期間」がないため、原則として免税事業者となるが、例外として、資本金等が1,000万円以上の新設法人（社会福祉法人を除く[21]）は、設立当初2年間についても課税事業者と扱われることとなった（新設法人の特例、消法12の2①）。

イ．調整対象固定資産を取得した場合における課税事業者の3年間の強制適用

第二に、同年の改正で、以下の期間中に調整対象固定資産を取得した場合には、事業を廃止した場合を除き、その取得のあった日の属する課税期間の

---

[20] 金子宏『租税法（第二十四版）』（弘文堂・2021年）827-828頁。
[21] 当該規定から社会福祉法人が除かれるのは、社会福祉法人が専ら非課税資産の譲渡等を行うことを目的として設立された法人であるからと解されている（消法12の2、消令25①）。

初日から3年を経過する日の属する課税期間の初日以降でなければ、「課税事業者選択不適用届出書」及び「消費税簡易課税制度選択届出書」を提出することはできなくなった（3年間の強制適用、消法9⑦、37③）。

1) 課税事業者を選択した事業者の、課税事業者となった課税期間の初日から2年を経過する日までの間に開始した各課税期間

2) 平成22年4月1日以後設立される新設法人の、基準期間がない事業年度に含まれる各課税期間

これは、賃貸マンション等を取得した個人事業者が自動販売機等を設置して消費税を還付する事案が問題視されたため講じられた措置である[22]。

ウ．特定期間に係る納税義務の免税の特例

第三に、平成23年度の税制改正で、以下の要件に当てはまる事業者については免税事業者から外れることとなった（特定期間に係る納税義務の免税の特例、消法9の2①④）。

1) 前年の1月1日から6月30日までの間の課税売上高が1,000万円を超える個人事業者

2) 前事業年度（7か月以下の場合に限る）開始の日から6か月間の課税売上高が1,000万円を超える法人事業者

3) 法人のその事業年度の前事業年度が7か月以下の場合で、その事業年度の開始前1年以内に開始した事業年度がある場合において、前々事業年度開始の日から6か月間の課税売上高が1,000万円を超える法人事業者

ただし、この場合、1)～3)にいう「課税売上高」に代えて、所得税法に規定する給与等の支払額（支払明細書に記載すべき給与等の金額）を用いることができる（消法9の2③）。

---

[22] 会計検査院平成21年10月20日付「賃貸マンション等の取得に係る消費税額の納付について」参照。

図表1－18 ●納税義務の免除の特例

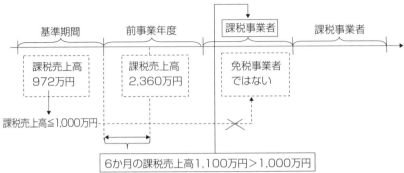

エ．特定新規設立法人の特例

　第四に、平成25年度の税制改正で、基準期間のない事業年度開始の日において資本金1,000万円未満の新規設立法人であっても、課税売上高が5億円を超える一定の大規模事業者等によって支配されている法人（特定新規設立法人）については、事業者免税点制度の適用がないこととされた（消法12の3①、57②）。

オ．高額特定資産を取得した場合の特例

　第五に、平成28年度の税制改正で、事業者が、事業者免税点制度及び簡易課税制度の適用を受けない課税期間中に、高額特定資産（消令25の5①一）又は自己建設高額特定資産（消令25の5①二）を取得した場合には、当該高額特定資産の仕入れ等の日の属する課税期間の翌課税期間から当該高額特定資産の仕入れ等の日の属する課税期間の初日以後3年を経過する日の属する課税期間までの各課税期間においては、事業者免税点制度の適用がないこととされた（消法12の4①）。これも会計検査院の指摘に基づく改正である[23]。

---

[23] 会計検査院「高額の不動産等の売買等を行う特別目的会社に係る消費税の取扱いについて」（平成25年11月18日国会提出）参照。

❸ 免税事業者からの仕入れの仕入税額控除

　欧州型インボイス制度の下では、登録事業者のみがインボイスを発行できるため、登録事業者ではない免税事業者からの仕入れは仕入税額控除の対象外である。しかし、わが国の消費税法の下では、適格請求書導入前の制度においては、消費税の創設以来、免税事業者からの仕入れについても仕入税額控除の対象となっている。その理由として、政府税調はかつて以下のとおり説明している[24]。

　ア．わが国の消費税は単一税率となっており、また、非課税取引の範囲も限定されていることから、請求書等に税額が記載されていなくとも、仕入控除税額の計算を適正に行うことは可能である

　イ．実際のところ、ほとんどの事業者間取引において、取引先に対する消費税の円滑な転嫁を図るためもあって、既に税額が記載された請求書等が交され、保存されているという実態にあり、これにより、仕入控除税額の計算が容易になっている面もある

　ウ．免税事業者からの仕入れについて税額控除を認めないこととすると、税の累積が生じ、財貨・サービスの価格の上昇を招くおそれがある

　エ．取引の中間段階に位置する免税事業者が取引から排除されかねず、あるいは、事実上、それらの事業者の多くに課税事業者となることを選択するよう迫ることになりかねない

　オ．免税事業者の対事業者向け売上高の総額が全事業者の売上高の総額に占める割合は極めて小さい[25]。

　上記の各指摘は、わが国においてインボイスを導入することとなった現在においても全てが当てはまる。ということは、政府は上記にもかかわらずな

---

[24] 政府税調『わが国税制の現状と課題』（平成 12 年 7 月）
[25] 例えばこの点について、推計でもいいから具体的な数値を示して議論すれば、わが国の税制改正論議も実のあるものとなるのであるが、望みすぎであろうか。これが言えれば、上記ウも重要性が乏しいと言えそうである。

ぜ今般インボイスを導入するのか、国民（中でも中小零細事業者）に対する丁寧な説明が必要であったはずであるが、その努力は極めて不十分であったといわざるを得ない。

❹ インボイス制度導入下での免税事業者の地位

前述のとおり、インボイス制度導入後において、適格請求書発行事業者は、基準期間における課税売上高が1,000万円以下であっても、免税事業者とはならない（新消法9①カッコ書）。したがって、一旦適格請求書発行事業者になると、その取消の届出書を提出しない限り、免税事業者として消費税の申告・納税義務が免除されることはないのである。

一方で、適格請求書等保存方式採用後の免税事業者の地位は、非常に不安定なものとなる。すなわち、課税事業者は、適格請求書を発行することができず、仕入税額控除の対象とはならない免税事業者からの仕入れは、原則として回避するようになり、免税事業者が取引から排除されるようになることが十分想定されるのである。この点は、政府税調も上記❸のエで指摘していたところである。

図表1−19 ●インボイス導入と免税事業者の地位

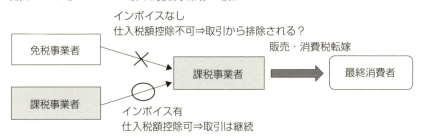

現状では、わが国の国内事業者約800万のうち、免税事業者は約500万にも上るとされている[26]。そのため、インボイスの導入によりその大半が中小零細企業である免税事業者が取引から排除されると、わが国経済に少なからぬ悪影響を及ぼすことが想定されるところである。例えば、サラリーマンが

経費でタクシーに乗る場合、大手タクシー会社は当然に登録事業者に移行するので問題ないが、現状、個人タクシーは免税事業者も少なくないので、登録事業者に移行しないと、サラリーマンの雇用主は仕入税額控除ができないこととなる。そうなると、雇用主は「会社経費でタクシーを利用する場合、免税事業者は不可」とのルール化を図るであろう。しかし、公道を走っているタクシーが登録事業者かどうか、どのように判別するのであろうか（登録事業者のみ呼べるアプリが開発されるかもしれない）。

また、仮に、免税事業者について無理に課税事業者への転換を促した場合、執行の現場では大混乱が起こることすら想定されるところである。なぜなら、その結果として小規模な消費税の滞納の多発が懸念されるからである。以下の表で明らかなように、現在でも消費税は滞納が深刻な税目である。

図表1-20 ●消費税の新規滞納発生高及び滞納残高の推移（地方消費税を含む）

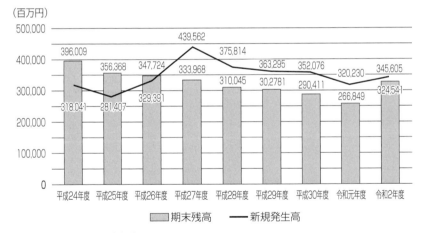

(出典) 国税庁統計年報各年度版

[26] 2015年12月17日付朝日新聞。財務省の推計によれば、免税事業者は513万+αとされている。財務省「参考資料②-2（軽減税率制度関係参考資料）」（平成27年12月17日）40頁参照。ちなみに、国税庁の統計（令和2年度国税庁統計年報書）によれば、令和3年3月31日現在の課税事業者等の届出件数は3,902,984件である。

第 1 章　軽減税率及びインボイス制度の概要

　消費税の滞納残高は減少傾向にあるものの、令和 2 年度で 3,245 億円と国税の全税目中最悪で、全体の 39.2% を占めている。しかも、令和 2 年度の期末滞納件数は 83 万件超（全体の 37.7%）と件数が多いのも大きな特徴といえる。これは適格請求書（インボイス）導入前の、免税事業者が課税事業者に転換する前の実績であるが、仮に今後適格請求書の導入により免税事業者が課税事業者に転換することを余儀なくされる場合には、全国各地で消費税の小規模な滞納が多発することは、十分予見されるところである。

❺ 免税事業者からの仕入れに係る経過措置

　そこで、平成 28 年度の税制改正では、激変緩和措置ないし「適格請求書等保存方式を円滑に導入する観点から[27]」、適格請求書等保存方式採用後の当初 6 年間につき、免税事業者（適格請求書発行事業者以外の者）からの仕入れであっても、以下のとおり、一定割合の仕入税額控除が認められる措置（経過措置）を講ずることとされた（平成 28 改正法附則 52・53）。

令和 5（2023）年 10 月 1 日〜令和 8（2026）年 9 月 30 日までの期間における免税事業者からの課税仕入れ	免税事業者からの課税仕入れに係る支払対価の額に係る消費税相当額の「80%」
令和 8（2026）年 10 月 1 日〜令和 11（2029）年 9 月 30 日までの期間における免税事業者からの課税仕入れ	免税事業者からの課税仕入れに係る支払対価の額に係る消費税相当額の「50%」

　なお、上記経過措置の適用を受けるためには、以下の事項が記載された帳簿及び請求書等の保存が必須となる。

ア．帳簿

　区分記載請求書等保存方式による記載事項（前掲❺❷参照）に加え、例えば、「80% 控除対象」「50% 控除対象」など、経過措置の適用を受ける課税仕入れである旨の記載が必要となる（平成 28 改正法附則 52①、インボイス Q&A 問 99）。

---

[27] 財務省『平成 28 年度税制改正の解説』823 頁。

具体的には、以下のとおりとなる。

1) 相手方の氏名又は名称

2) 課税仕入れを行った年月日

3) 課税仕入れに係る資産又は役務の内容（軽減税率対象品目の場合、その内容及びその旨）及び**経過措置の適用を受ける課税仕入れである旨**

4) 課税仕入れに係る支払対価の額

イ．請求書等

区分記載請求書等保存方式による記載事項（前掲**5❷**参照）と同様の記載事項が必要となる（平成28改正法附則52①、インボイスQ&A問99）。

具体的には、以下のとおりとなる。

1) 作成者の氏名又は名称

2) 課税資産の譲渡等を行った年月日

3) 課税資産の譲渡等に係る資産又は役務の内容（軽減税率対象品目の場合、その旨）

4) 税率ごとに合計した課税資産の譲渡等の対価の額（税込価額）

5) 交付を受ける事業者の氏名又は名称

上記から明らかなように、請求書等には「経過措置の適用を受ける課税仕入れである旨」の記載は求められていない。これは、経過措置の適用を受けるのは書類の作成者ではなく「交付を受ける事業者」であるため、請求書等の書類の作成者が経過措置の適用を受けるか否かの判断を行うわけではないからだと思われる。

❻ 免税事業者は適格請求書発行事業者に転換すべきか？

軽減税率の導入により、現実的に経理負担が重くなることが想定される免税事業者は、軽減税率の適用対象となる飲食料品を扱っている事業者（及び一部の新聞販売店）であると考えられる。なぜなら、令和元（2019）年10月の軽減税率導入以降4年間は、事業者は現行方式に加え、新たに区分記載

請求書独自の以下の事項を記載する必要があるからである。

　ア．軽減税率の対象品目である旨

　イ．税率ごとに合計した対価の額

　免税事業者は仕入税額控除を行う必要がないため、消費税法上、上記書類を保存する義務はないが、取引先（売上先）が課税事業者である場合、仕入税額控除のため上記書類の交付を求められるため、作成する必要がある。その前提として、当然のことながら、免税事業者といえども売上に係る適用税率を的確に適用し経理処理する必要がある。

　さらに、上記記載を行うためには、事業者が扱っている商品につき、軽減税率適用のものと標準税率適用のものとを仕分けし的確に管理する必要があるが、中小零細の免税事業者にとって、この実務負担も馬鹿にならないと想定される。

　とはいえ、事務負担が上記記載にとどまるのであれば、多くの免税事業者はギリギリ対応できるものと考えられる。ところが、軽減税率導入の4年後には、事業者に更なる事務負担を課することとなる適格請求書（インボイス）の採用が予定されている。適格請求書の記載要件は前述❺❸に掲げられたとおりであり、コンピューターシステムを導入していない中小零細事業者にとっては、恐らくかなり重い事務負担であるといえる。

　また、既に説明したとおり、免税事業者は上記記載要件を満たす適格請求書を発行できないため、仮に適格請求書等保存方式に沿った経理処理に対応できたとしても、課税事業者との取引には支障をきたすこととなり、大きな混乱が生じることが予想される。

　そうなると、免税事業者といえども、適格請求書等保存方式の導入を機に、適格請求書発行事業者に転換すべきではないかとも考えられるところである。

図表1-21 ●適格請求書等保存方式導入時における免税事業者の選択

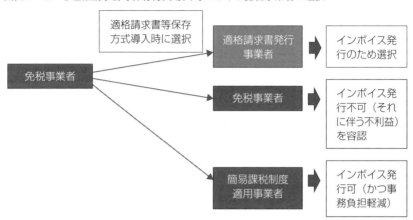

　ところで、EUにおいてもその厳格なインボイス制度への対応は中小企業にとっては重い負担となっており、一説では、免税事業者となり得る中小事業者のうち、課税事業者を選択している事業者は3割程度であり、7割は免税事業者のままという実態があるという[28]。

　なお、令和4年度の税制改正で、免税事業者が令和5年10月1日から令和11年9月30日までの属する課税期間中に適格請求書発行事業者の登録を受ける場合には、「課税事業者選択届出書」を提出することなく、その登録日から適格請求書発行事業者となることができるようになった（平28改正法附則44④、インボイス通達5-1、インボイスQ&A問8）。

❼ 免税事業者が採り得る選択肢の判断基準

　2023（令和5）年10月に予定される適格請求書等保存方式導入までには、未だ間があるが、いずれを選択するにせよ、準備は早めに開始すべきであろう。それでは、一体どのような判断基準で事業者の選択をすべきなのであろうか。現在課税事業者である事業者を含め、免税事業者が採り得る選択肢に

---

[28] 溝口史子『EU付加価値税の実務（第2版）』（中央経済社・2020年）224頁参照。

第1章　軽減税率及びインボイス制度の概要

ついては、以下のような判断基準が考えられる。

1）現在課税事業者であるが適格請求書発行事業者の登録を行わない

　現在課税事業者である事業者の大半は、ほぼ自動的に適格請求書発行事業者の登録を行うものと想定される。しかし、中には課税事業者のステータスは維持するものの、適格請求書発行事業者の登録を行わないという選択を検討すべき事業者も存在する。

　まず確認しておきたいのは、適格請求書発行事業者の登録は任意であり（新消法57の2①）、課税事業者のステータスとリンクするものではないという点である。したがって、免税事業者が課税事業者の選択（消法9④）をしたとしても、登録をしない限り適格請求書発行事業者となることはない。

　それでは、消費税の申告・納税義務がある課税事業者でありながら、適格請求書発行事業者の登録を行わない理由は何であろうか。その第一は、適格請求書関連の事務負担が重く、それへの対応をあきらめているケースである。中小零細事業者で、当該事務にマンパワーを割くことができず、といって適格請求書対応のシステムへの投資も困難である場合には、事業廃止も視野に入れつつ、やむを得ずこのような選択を行うケースもあるだろう。

　第二は、取引先の大多数が事業者ではないため、適格請求書を発行する必要がないケースである。すなわち、販売先や役務の提供先が基本的に消費者（個人）であるため、仕入税額控除のための適格請求書を求めてこないケースであれば、あえて適格請求書発行事業者の登録を行わないというのは理解できるところである。パチンコ・パチスロ店、学習塾、理髪店、クリニック、歯科医、整骨院、駄菓子屋といった事業者がこのケースに該当する可能性がある[29]。

2）免税事業者のステータスを継続する

　免税事業者のステータスを維持・継続する場合、そのメリットとデメリッ

---

[29] 勿論、これらの事業者であっても、法人向けや個人事業主向けの販売やサービスの提供を行っている場合には、適格請求書の発行を求められるため、その多くは適格請求書発行事業者の登録を行うこととなるであろう。

50

トを表にすると、概ね以下のとおりとなる。

図表1-22 ●免税事業者のステータスを継続するメリット及びデメリット

メリット	デメリット
・申告・納税義務がない ・適格請求書の発行事務が生じない ・帳簿等の記載・保存義務が軽減される ・6年間の経過（猶予）措置がある	・適格請求書を発行できないため、取引先が課税事業者である場合、取引から排除される可能性がある ・「益税」を享受していると批判されるリスクがある

　上記の表を概観すると、売上先・サービスの提供先が課税事業者・適格請求書発行事業者である場合、デメリットは大きいが、そうでない場合には、免税事業者のままでいるメリットは大きいように思われる。そのため、今後の取引関係や6年間の猶予期間を考慮に入れて、免税事業者のままでいるか否かを判断することになるであろう。上記1）の第二の理由、すなわち「取引先の大多数が事業者ではないため、適格請求書を発行する必要がないケース」に該当する場合には、基本的に免税事業者のステータスを継続することになるであろう。

　それでは、免税事業者のステータスは維持しつつ、適格請求書発行事業者との取引を継続したいがために、販売価格を引き下げるというのはどうだろうか。これは以下のような方法を想定している。

図表1-23 ●適格請求書発行事業者との取引継続のため、販売価格を引き下げ

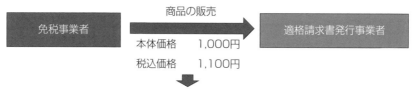

　適格請求書導入前は本体価格1,000円・税込価格1,100円（標準税率10％）で販売していた商品を、適格請求書導入後は税込1,000円（本体価格909円）で値下げして販売するということである[30]。こうすれば、適格請求書発

行事業者は適格請求書導入前後での負担は変化しない。一方、免税事業者は売上額が100円減少（9.1％減）することとなるが、取引関係は維持できるというメリットがある。

上記に関し別の見方をすれば、適格請求書発行事業者が免税事業者に対し、商品の本体価格1,000円のみ支払い、控除できない消費税分は支払わないという対応を行ったのと同じ効果が生じることとなる。ところで、適格請求書発行事業者による当該対応は、消費税額の転嫁拒否に該当することから、消費税転嫁対策特別措置法に違反する可能性が高いため採り得ないのではないかという疑問が生じる。しかし、消費税転嫁対策特別措置法の適用期限は令和3（2021）年3月31日であり、適格請求書等保存方式が導入される令和5（2023）年10月1日には、その効力を失っている。

図表1-24 ●適格請求書発行事業者が免税事業者に対し消費税分の支払いを行わない

本体価格1,000円のみ支払う（消費税分100円は支払わず）

そうなると、免税事業者がそのメリットを享受するため、免税事業者のステータスは維持しつつ、取引の継続を意図して、免税事業者が自発的に、又は免税事業者と適格請求書発行事業者とが交渉により、販売価格を切り下げる（又は適格請求書発行事業者が消費税分の支払いを行わない）という選択肢は、それなりに採用される可能性があるものと考えられる。

3）課税事業者・適格請求書発行事業者に転換する

現在免税事業者であっても、売上先・サービスの提供先が課税事業者・適格請求書発行事業者の場合、当該事業者からの要請[31]で、課税事業者・適格

---

[30] 2021年4月からの消費税総額表示義務付けに伴う対応であるが、ユニクロ・GUは同年3月12日から本体価格を据え置いて実質的に約9％の値下げを行っている。

請求書発行事業者に転換するケースは多いと予想される。

　なお、留意すべき事項としては、免税事業者が一度適格請求書発行事業者の登録を行った場合、その後の事業年度において課税売上高が1,000万円以下となったとしても、その登録を取り消さない限り、免税事業者に復帰することはないという点がある（新消法57の2⑩一、インボイス通達2－5）。取引先の要請に応え安易に適格請求書発行事業者の登録をすると、免税事業者のメリットをみすみす放棄することにもなりかねないため、慎重な検討が必要であろう。

4）課税事業者・適格請求書発行事業者に転換するも、簡易課税の適用事業者となる

　上記3）のバリエーションとして、課税事業者・適格請求書発行事業者に転換するも、同時に簡易課税の適用事業者となることにより、仕入サイドに係る記帳義務・帳簿書類の保存義務の緩和を図るという方法も考えられる。中小零細事業者が大半を占める免税事業者としては、取引先との関係で適格請求書発行事業者に転換することは避けられないとしても、事務負担を可能な限り軽減したいという要望が強いであろう。そうなると、当該選択肢は十分検討するに値すると考えられる。簡易課税の適用事業者の場合、制度上、適格請求書の保存義務はないという点は重要である（消法37①）。

　恐らく、適格請求書発行事業者に転換する免税事業者の大半は、適用要件さえ満たせば、簡易課税制度の適用事業者となるものと想定される。

図表1-25 ●適格請求書発行事業者に転換し、かつ、簡易課税の適用事業者となる

　なお、免税事業者が適格請求書等保存方式の開始日である令和5（2023）年10月1日から適格請求書発行事業者に転換し、かつ、簡易課税制度の適

---

[31] 仮に、適格請求書発行事業者である大企業がその取引先である免税事業者（零細事業者）に対し、「適格請求書を発行しないと取引を停止するぞ」と適格請求書発行事業者への転換を半ば強要した場合には、優越的地位の濫用（独禁法2⑨五・六）に該当する可能性がある。

用事業者となる場合の手続きについては、第3章❹❻参照のこと。

❽ 課税事業者・適格請求書発行事業者側の対応

それでは、取引先・仕入先に免税事業者がいる課税事業者・適格請求書発行事業者は、どのように対応すべきであろうか。その免税事業者が取引先として重要か否かにより対応が変わってくるものと想定される。

例えば、適格請求書発行事業者である出版社が原稿やイラストを作家やイラストレーター等に依頼するケースでは、当該作家やイラストレーターの中には売上規模からいって免税事業者である場合が多いと考えられる[32]。そのとき、出版社が免税事業者である作家やイラストレーターに対し、以下のような対応をとることが考えられる。

図表1−26 ●出版社の採る選択肢

ア．適格請求書発行事業者への転換を要請

これは例えば、適格請求書等保存方式導入前のタイミングで、出版社は作家やイラストレーター等に消費税の事業者に係るステータスを国税庁のHPで公開される登録情報をも踏まえながら確認し、免税事業者である場合には、併せて適格請求書発行事業者への転換を要請するということである。

イ．転換を求めず、控除不能税額を負担する

これはいわば、医療機関における社会保険診療非課税から生じる控除対象外消費税の負担と同様の状況になるということだろう。前述❺で触れた6年間の経過措置により、一定部分の仕入税額控除が認められることから、当面

---

[32] 当該検討は特定の出版社を念頭に置いたものではないことを、予めお断りしておく。

は当該選択肢により様子を見る出版社もみられるだろう。

ウ．転換を求めず、取引を停止する

特に転換を求めずに取引を停止するというのは、ビジネスライクすぎて随分冷酷なような気もするが、出版社側から見て、作家やイラストレーター等の重要性が高くなく、その代替が効くような場合には、あえて波風を立てずに「すっ」と取引を自然消滅させるようなことも少なくないと想定される。

また、上記アの結果、免税事業者側が要請を拒否したため、取引を停止するということもあるだろう。

エ．転換を求めず、消費税分の支払いを行わない

出版社側が転換を求めたものの、応じてもらえなかったが、出版社側から見て、作家やイラストレーター等の重要性が低くないことから、取引の継続を望む場合、当該選択肢を採るケースが少なくないものと想定される。このとき、消費税転嫁対策特別措置法に違反しないかという懸念が生じるが、❼2）で説明したとおり、同法の適用期限は令和3（2021）年3月31日であることから、適格請求書等保存方式が導入される令和5（2023）年10月1日には効力を失っており、問題とならないだろう。

もっとも、当該選択肢を採ると、免税事業者である作家やイラストレーター側の売上額が消費税分だけ減少することとなるので、その点がネックとなる可能性がある。その場合は、単価等の調整（値上げ）が必要となるかもしれない。

ほかの業種においても、採るべき選択肢は同じであると考えられることから、上記を参考に判断されるとよいものと考えられる。

❾ 課税事業者・適格請求書発行事業者に転換する場合のシステム対応

上記諸条件を検討した結果、免税事業者が課税事業者・適格請求書発行事業者に転換する場合、消費税に係る経理システム対応はどうすればよいだろうか。

第 1 章　軽減税率及びインボイス制度の概要

　前述❹のとおり免税事業者は数が多いため、仮にインボイス制度導入を機に、課税事業者・適格請求書発行事業者に転換する場合、その転換数は無視できない数となる可能性がある。そうなると、経理システムベンダーにとって、これは大きなビジネスチャンスとなる可能性があるが、一方で、免税事業者はその大部分が中小零細事業者であるため、いくら必要だといっても、システム投資に多額の資金を投入できるわけではない。そうなると、経理システムベンダーは、転換する免税事業者のための、汎用性のある消費税経理システムを開発することが肝要と考えられる。

　その一案が、適格請求書等保存方式を見据えて、令和元年 10 月〜5 年 9 月までの区分記載請求書等保存方式の時から使用できるシステムを開発・リリースすることであろう。すなわち、適格請求書等保存方式の要件を満たす請求書等や帳簿のシステムを開発し、区分記載請求書等保存方式の時には、微調整（例えば、登録番号はブランクとする等）で利用できるようにするという方法が考えられる。経理システムベンダーも知恵を絞って、このビジネスチャンスを首尾よく掴むことを祈っている。

7 EU型インボイス制度との比較

❶ 付加価値税の本質とインボイスの役割

　わが国の消費税は、財政学や租税法上、多段階一般消費税のうちの、各段階の付加価値（added value）を課税標準として課税する税制であると解されている[33]。すなわち、付加価値税である消費税の本質は、課税標準に付加価値を用いているという点にある。

　ここでいう「付加価値」とは、製品の製造を例にとると、原材料の製造から製品の小売りまでの各段階において携わる事業が、国民経済に新たに付加した価値のことを指す。当該「付加価値」は経済学の概念であるが、その算定方法には、以下の2つの方法がある。

ア．加算法

　国民所得がどこに分配されるのかという観点から、その構成要素を加算して付加価値を求める方法で、一般に以下の算式で求めることとなる[34]。

> 付加価値＝賃金＋地代＋利子＋企業利潤

イ．控除法

　国民所得が生産活動を通じてどのように生み出されているかという観点から、事業の総売上金額から、その事業が他の事業（前工程）から購入した土地・建物・機械設備・原材料・動力等に対する支出を控除した金額により付加価値を求める方法である。

　上記のような方法により算出される付加価値を課税標準とする付加価値税

---

[33] 金子宏『租税法（第二十四版）』（弘文堂・2021年）805頁。
[34] シャウプ勧告により我が国において1950年に導入された付加価値税（地方税・道府県税、実施されないまま1954年に廃止）は加算型（かつ世界で最初に導入された付加価値税）であるが、一種の収益税に該当すると解されている。

（EU 型付加価値税）は、実際の仕組みとしては、控除法をベースにした、課税期間内の総売上金額に税率を適用して得られる金額から、同一課税期間内の仕入に含まれていた前段階の税額を控除することによって、税額（付加価値税額）を算出する方法を採用している。EU 型付加価値税においては、この仕組みを運用する際、前段階の税額を確定するため、その税額の記載されたインボイス（税額表）を用いることとしている。従って、EU 型付加価値税においては、当該「インボイス」が付加価値税の税額計算、換言すれば、課税標準である付加価値を計算する際の仕入税額控除の金額の算定プロセスにおける、必要欠くべからざる要素となっているのである。

EU 型付加価値税[35]においてインボイスが採用された理由は、一般に以下の 4 点にあると解されている[36]。

1）税額算定の仕組みとして簡便なこと
2）付加価値税導入前の取引高税の欠陥（税負担の累積）を排除できる仕組みであること
3）国境税調整を正確に行えること
4）事業者間によるインボイスのクロスチェックにより不正を防止できること

上記の利点はその後多くの国で共有され、EU 域内のみならず域外の各国における付加価値税の導入の際、同時にインボイスを用いた仕入税額控除の仕組みも受容され、インボイス方式（invoice method）が付加価値税におけるグローバルスタンダードとなっていった。

---

[35] EU において導入されている付加価値税（伝統的 VAT（traditional VAT））は、1960 年代後半と導入が早かった分、複数税率の採用や幅広い非課税項目による複雑化・課税ベースの浸食が起こっているなど、制度疲労を起こしているとの指摘もみられるところである。一方、1986 年に導入されたニュージーランドの付加価値税である GST は、単一税率で非課税・ゼロ税率項目が限定的という点で「現代的 VAT（modern VAT）」の典型と解されている。増井良啓「日本消費税はどこへいくか−国際比較からの展望」金子宏編『消費税の研究』（日本税務研究センター・平成 29 年）518−519 頁参照。
[36] 金子前掲注 33 書 806−807 頁。

❷ わが国の消費税の性格

　上記❶でみたとおり、諸外国における付加価値税の仕入控除税額算定の際には、インボイスが用いられている。一方、わが国は消費税導入時から、そのような潮流に背を向けて、日本独自の帳簿による仕入税額控除の仕組み（帳簿方式ないしアカウント方式）を採用してきた。

　このようなわが国の消費税の性格について、消費税導入時において、納税者が、国及び内閣総理大臣に対し、消費税法が成立したことで精神的苦痛を受けたとして、納付した消費税相当額の返還、慰謝料の支払い及び消費税法の廃止を求めた裁判で、裁判所は以下のとおり判示している（岡山地裁平成2年12月4日判決・税資181号770頁[37]）。

　「消費税は、物品やサービスの消費に担税力を認めて課される租税であるが、最終消費の段階では租税の徴収を行うことが困難であるという徴税技術上の理由から、最終的な消費行為そのものを課税対象とするものではなく、その前段階の物品やサービスに対して課税が行われ、税負担が物品やサービスの価格に含められて最終的には消費者に転嫁されることが予定されている、いわゆる間接消費税である。

　したがって、消費税は、消費税分が消費者に円滑かつ適正に転嫁されることが必要であるが、税制改革法11条は、消費税の転嫁について事業者及び国の責務を明らかにする趣旨で、第1項において、「事業者は、消費に広く薄く負担を求めるという消費税の性格にかんがみ、消費税を円滑かつ適正に転嫁するものとする。その際事業者は必要と認めるときは、取引の相手方である他の事業者又は消費者にその取引に課せられる消費税の額が明らかとなる措置を講ずるものとする。」と規定し、また、第2項において、「国は、消費税の円滑かつ適正な転嫁に寄与するため、前項の規定を踏まえ、消費税の

---

[37] 控訴審（広島高裁平成3年12月5日判決・税資187号236頁）及び上告審（最高裁平成5年9月10日判決・税資198号813頁）でいずれも納税者側の主張は斥けられている。

仕組み等の周知徹底を図る等必要な試策（筆者注：「施策」の誤り）を講ずるものとする。」と規定している。（下線部筆者）」

また、同判決において裁判所は、わが国の「帳簿方式」による仕入税額控除制度を以下のとおり評価している。

「消費税法の帳簿方式による仕入税額控除制度は、事業者の対価の決定の運用によっては消費者への過剰転嫁が生じるおそれがあることは否定できないが、他方、事業者は仕入にあたり逐一相手方が免税事業者であるか否かを確認する必要がないなど、インボイス方式に比べ事業者にとり事務手続きが簡略であり、また、事業者において適切に消費税の転嫁がなされることにより、ある程度は過剰転嫁が回避されることも期待できるから、消費税の導入にともなう事業者の事務負担の軽減という政策的目的を考慮に入れると不合理なものとはいえない。（下線部筆者）」

消費税導入後一定期間経過後においても、裁判所はわが国の消費税の性格ないし本質について、以下のとおり基本的に上記認識を維持している（福岡地裁平成23年7月15日判決・税資261号－120（順号11710））。

「消費税は、物品やサービスの個人の消費に担税力を見出して課税を行うものであるところ、法は、消費税を最終的な消費行為よりも前の各取引段階で物品やサービスに対する課税が行われ、税負担が物品やサービスのコストに含められて最終的に消費者に転嫁することが予定されている間接消費税として位置付け、各取引段階で課税する多段階消費税の制度をとった上、税負担の累積を防止するため、各取引段階で移転、付与される附加価値を課税標準として課税する附加価値税の制度を採るものであり、このように多段階一般消費税である我が国の消費税は、生産、流通過程のあらゆる段階において発生する附加価値に対して課税を行うものとして、原則として広くあらゆる物品、サービスを課税の対象とするものというべきである。（下線部筆者）」

❸ 仕入税額控除の積極要件と消極要件

　それでは、EU 型付加価値税におけるインボイスと、適格請求書等保存方式導入後のわが国のインボイスとは、その性質が全く同じものであると考えてよいのであろうか。インボイスの法的性格に関し、以下の点を留意すべきということになるであろう。

　まず、EU 型付加価値税におけるインボイス[38] は、仕入税額控除の根拠となる書類となるわけであるが、事業者の側からみれば、法的には、当該インボイスは前段階控除の権利を証明する書類と位置付けられている。これは以下の EU の VAT 指令[39] の規定から明らかである。

・EU VAT 指令 178 条
　仕入税額に関する控除権（the right of deduction）を行使するため、課税事業者は以下の要件を満たす必要がある。
(a)　168 条（a）項による仕入税額控除を行うため、物品とサービスの供給に関して、課税事業者は本指令 219 a 条から 240 条までの規定に従ったインボイスを保存していなければならない（must hold）。　　　　　　　　＜以下省略＞

　一方、わが国の消費税法は、インボイスの導入前後において、仕入税額控除に関する規定につき、以下でみるとおりその基本的な構造を変更していない。

---

[38] 近年 EU を離脱したイギリスにおいては "tax invoice" と称されている。拙著『消費税の税率構造と仕入税額控除』（白桃書房・2015 年）129 頁参照。
[39] Council Directive 2006/112/EC of 28 November 2006 on the common system of value added tax.

第1章　軽減税率及びインボイス制度の概要

図表1-27 ●インボイス導入前後における消費税法第30条（仕入れに係る消費税額の控除）の規定ぶりの異同点（下線部筆者）

適格請求書等導入前	適格請求書等導入後 （令和5年10月1日から施行）
＜第7項＞ 　第1項の規定は、事業者が当該課税期間の課税仕入れ等の税額の控除に係る<u>帳簿及び請求書等</u>（同項に規定する課税仕入れに係る支払対価の額の合計額が少額である場合、特定課税仕入れに係るものである場合その他の政令で定める場合における当該課税仕入れ等の税額については、<u>帳簿</u>）<u>を保存しない場合には、当該保存がない課税仕入れ、特定課税仕入れ又は課税貨物に係る課税仕入れ等の税額については、<u>適用しない</u>。ただし、災害その他やむを得ない事情により、当該保存をすることができなかったことを当該事業者において証明した場合には、この限りでない。	＜第7項＞ 　第1項の規定は、事業者が当該課税期間の課税仕入れ等の税額の控除に係る<u>帳簿及び請求書等</u>（請求書等の交付を受けることが困難である場合、特定課税仕入れに係るものである場合その他の政令で定める場合における当該課税仕入れ等の税額については、<u>帳簿</u>）<u>を保存しない場合には、当該保存がない課税仕入れ、特定課税仕入れ又は課税貨物に係る課税仕入れ等の税額については、<u>適用しない</u>。ただし、災害その他やむを得ない事情により、当該保存をすることができなかったことを当該事業者において証明した場合には、この限りでない。
＜第9項＞ 　第7項に規定する請求書等とは、次に掲げる書類をいう。 一　事業者に対し課税資産の譲渡等（第七条第一項［輸出免税等］、第八条第一項［輸出物品販売場における輸出物品の譲渡に係る免税］その他の法律又は条約の規定により消費税が免除されるものを除く。以下この号において同じ。）を行う他の事業者（当該課税資産の譲渡等が卸売市場においてせり売又は入札の方法により行われるものその他の媒介又は取次ぎに係る業務を行う者を介して行われるものである場合には、当該媒介又は取次ぎに係る業務を行う者）が、当該課税資産の譲渡等につき<u>当該事業者に交付する請求書、納品書その他これらに類する書類で次に掲げる事項</u>（当該課税資産の譲渡等が小売業その他の政令で定める事業に係るものである場合には、イからニまでに掲げる事項）が記載されているもの （以下省略）	＜第9項＞ 　第7項に規定する請求書等とは、次に掲げる書類及び電磁的記録（電子計算機を使用して作成する国税関係帳簿書類の保存方法等の特例に関する法律第二条第三号（定義）に規定する電磁的記録をいう。第二号において同じ。）をいう。 一　事業者に対し課税資産の譲渡等（第七条第一項、第八条第一項その他の法律又は条約の規定により消費税が免除されるものを除く。次号及び第三号において同じ。）を行う他の事業者（<u>適格請求書発行事業者に限る。次号において同じ。</u>）が、当該課税資産の譲渡等につき当該事業者に交付する<u>適格請求書又は適格簡易請求書</u> （以下省略）

62

すなわち、わが国の消費税法は仕入税額控除に関し、インボイスを導入しようがしまいが、「帳簿及び請求書等」がないと認めないという法律構成をとっている。インボイス導入後は、「請求書等」に該当するものが、それまでの取引相手の事業者が交付する請求書等から、適格請求書発行事業者が交付する適格請求書及び適格簡易請求書に代わるというわけである。

このようなわが国の規定ぶりを一般に、仕入税額控除の「消極要件」ということがある[40]。これに対し、EU 型付加価値税のように、仕入税額控除をインボイスに基づく請求権ととらえる方法を、仕入税額控除の「積極要件」という[41]。

❹ 仕入税額控除の消極要件と立証責任

インボイス導入後は、わが国においても EU 型と同様に、インボイスがないと原則として仕入税額控除が認められないという点では差がない。それでは、インボイスに基づく仕入税額控除が「積極要件」である場合（EU 型）と、「消極要件」である場合（日本型）とでは、いったい何が異なるのであろうか。これは消費税に関する課税処分取消訴訟において、仕入税額控除の適用の可否に係る立証責任の問題とかかわってくる。

すなわち、民事訴訟法の通説である法律要件（分類）説[42]に従って立証責任（証明責任）が分配されるべきとする場合、権利発生要件たる事実については、租税債権者である国又は地方公共団体が立証責任を負うこととなる[43]。課税処分取消訴訟における権利発生要件たる事実とは、具体的には、課税要件事実の存否及び課税標準を指すと考えられる。そうなると、消費税

---

[40] 西山由美「仕入税額控除」金子宏編『消費税の研究』（日本税務研究センター・平成 29 年）473－477 頁参照。
[41] 西山前掲注 40 論文 473－478 頁参照。
[42] 権利関係の発生・消滅・障害に係る法律効果につき、各当事者のうち、自己に有利な法律効果の発生を定める条文の要件事実については、当該当事者が証明責任を負うとする説である。中野貞一郎・松浦馨・鈴木正裕編『新民事訴訟法講義（第 3 版）』（有斐閣・2018 年）400 頁参照。
[43] 金子前掲 33 書 1135-1136 頁。

第 1 章　軽減税率及びインボイス制度の概要

法における仕入税額控除の規定は、第 30 条第 7 項で、「帳簿及び請求書等」がないと認めないとしており、これは課税要件事実の存否にかかるものであることから、立証責任は租税債権者である国が負うこととなる。

　これは一見、納税者に有利な規定ないし取り扱いであるかのようにみえる。しかし、「ない」という原理的に困難なことの証明を国に負わせていることに裁判所が配慮してのことなのか、裁判例を確認してみると、以下のとおり必ずしもそうとも言えない点には留意すべきであろう。

　税務調査において帳簿書類を提示せず、非協力的であった納税者（個人事業者）の行為に対して、課税庁が「帳簿又は請求書等を保存しない場合[44]」に該当するとして仕入税額控除を認めなかった事案に関し、最高裁平成 16 年 12 月 16 日判決・民集 58 巻 9 号 2458 頁（TAINS Z254 - 9860）で最高裁は、「事業者が、消費税法施行令 50 条 1 項の定めるとおり、法 30 条 7 項に規定する帳簿又は請求書等を整理し、これらを所定の期間及び場所において、法 62 条に基づく税務職員による検査に当たって適時にこれを提示することが可能なように態勢を整えて保存していなかった場合は、法 30 条 7 項にいう「事業者が当該課税期間の課税仕入れ等の税額の控除に係る帳簿又は請求書等を保存しない場合」に当たり、事業者が災害その他やむを得ない事情により当該保存をすることができなかったことを証明しない限り（同項ただし書）、同条 1 項の規定は、当該保存がない課税仕入れに係る課税仕入れ等の税額については、適用されないものというべきである。（下線部筆者）」と判示して、税務調査において適時に「帳簿又は請求書等」を提示することが可能なように態勢を整えて保存していなかった場合には、「保存しない場合」に該当し、仕入税額控除の適用はないとしている。

　帳簿不提示と仕入税額控除との関係については、一般に以下の 3 説（実質 4 説）に大別される[45]。

　1）消費税法第 30 条第 7 項の「保存」という文言を通常の意味で素直に解

---

[44] 平成 6 年度の税制改正前の規定（改正法は平成 9 年 4 月 1 日から施行）である。

釈し、帳簿等の提示を拒否したことをもって「保存しない場合」に該当したとみることはできないという説である（否定説ないし客観的保存説）。大阪地裁平成10年8月10日判決・判時1661号31頁（TAINS Z 237-8223）は、「保存という文言の通常の意味からしても、また、法全体の解釈からしても、税務調査の際に事業者が帳簿又は請求書等の提示を拒否したことを、法30条7項の保存がない場合に該当する、あるいはそれと同視した結果に結び付ける被告らの主張は、もはや法解釈の域を超えるものといわざるを得ない。（下線部筆者）」と判示して、この立場を採る。後述の東京地裁平成10年9月30日判決でも、裁判所は、「「保存」という用語の通常の解釈として「提示」まで含むとするのは困難であり、また、法が法定帳簿、法定請求書等の保存を要求した趣旨が、税務調査において税務職員がこれらを確認することにあるとしても、そのことから任意的、非定型的に行われる税務調査において納税者に積極的な法定帳簿、法定請求書等の提示義務が発生すると解釈することはできない。（下線部筆者）」と指摘している。

1)-2　上記1）のバリエーションとなるが、消費税法第30条第7項の反対解釈として、帳簿等の保存は租税実体法上の仕入税額控除のための要件を定めたものと解し、課税処分取消訴訟においては、帳簿等を処分時まで保存していたという事実、又は災害その他やむを得ない事情により保存をすることができなかった事実を納税者側が立証したときには、仕入税額控除が認められるべきとする説である（保存事実説）。これは前掲最高裁平成16年12月16日判決の4日後に出た、最高裁平成16年12月20日判決・判時1889号42頁（TAINS Z254-9870）における滝井繁男裁判官が述べた反対意見の立場である。

---

[45] 岩品信明「帳簿不提示と仕入税額控除」中里他編『租税判例百選（第7版）』（有斐閣・2021年）185頁、田中治「消費税における仕入税額控除の存在理由と判例動向」金子宏編『租税法の発展』（有斐閣・2010年）281頁。拙著『裁判例・裁決事例から学ぶ消費税の判定誤りと実務対応』（清文社・2020年）161-164頁も参照。

第1章　軽減税率及びインボイス制度の概要

　滝井反対意見によれば、消費税法における税額の算定構造につき、「仕入税額控除は、消費税の制度の骨格をなすものであって、消費税額を算定する上での実体上の課税要件にも匹敵する本質的な要素とみるべきものである。」という理解を示している。また、「法30条7項の規定も、課税資産の譲渡等の対価に着実に課税が行われると同時に、課税仕入れに係る税額もまた確実に控除されるという制度の理念に即して解釈されなければならないのである。」とし、仕入税額控除の制限には慎重であるべきとの立場を採っている。

　さらに、青色申告の特典を受けるための承認との比較で、「法における仕入税額控除の規定は、前記のとおり課税要件を定めているといっても過言ではなく、青色申告承認のような単なる申告手続上の特典ではないと解すべきものである。そして、法は、消費税額の算定に当たり、仕入税額を控除すべきものとした上で、帳簿等の保存をしていないとき控除の適用を受け得ないとしているにとどまるのである。法30条7項も、消費税を円滑かつ適正に転嫁するために帳簿の保存が確実に行われなければならないことを定めたものであり、着実に課税が行われるよう、課税売上げの額を正しく把握すると同時に控除されるべき税額は確実に控除されなければならないという消費税制度の趣旨を考えれば、同項にいう「保存」に、その通常の意味するところを超えて税務調査における提示をも含ませるような解釈をしなければならない理由は見いだすことはできず、そのように解することは、本来控除すべきものを控除しない結果を招来することになって、かえって消費税制度の本来の趣旨に反するものと考えるのである。(下線部筆者)」として、「保存」の意義を拡張しようとする立場に明確に反対している。滝井反対意見の立場は、仕入税額控除が消費税法における税額算定の本質的な要素であり、確実な控除を目指すべきという意味で、EU型付加価値税のような仕入税額控除の「積極要件」につながる考え方であるといえよう。

66

2) 次に、納税者が正当な理由なく帳簿等の提示に応じなかった場合には、「保存しない場合」に該当するという見解がある（肯定説ないし保存・提示包含説）。津地裁平成10年9月10日判決・判時1661号31頁（TAINS Z 238-8234、オリジナルコーヒー事件）で裁判所は、「税務調査において帳簿等の提示を拒否した納税者は、仕入税額控除を受けることができないこととなるが、帳簿等を適正に保存さえしていれば、納税者が税務調査においてそれを提示することは極めて容易であり、その機会も十分に与えられるのであるから、敢えて課税処分がなされた後に帳簿等の提出権を認めなければならない合理的理由はない。（下線部筆者）」と判示して、税務調査において帳簿等の提示を拒否した納税者が、課税処分取消訴訟において帳簿等を提示しても、仕入税額控除を認めるべきではないとしている。

3) さらに、消費税法第30条第7項にいう「保存」とは、税務調査において課税庁の職員が適法な帳簿等の提示要請があれば提示することができる状態での「保存」を意味するという見解がある（不存在推認説）。東京地裁平成10年9月30日判決・判時1661号54頁（TAINS Z 238-8251）で裁判所は、「法30条7項に規定する保存とは、法定帳簿又は法定請求書等が単に存在しているということだけではなく、法及び令の規定する期間を通じて、定められた場所において、税務職員の質問検査権に基づく適法な調査によりその内容を確認することができる状態での保存を継続していることを意味するというべきである。換言すれば、法30条7項にいう保存とは、適法な提示要請があれば直ちにこれを提示できる状態での保存を意味することになる。そして、この意味での保存の有無は課税処分の段階に限らず、不服審査又は訴訟の段階においても、主張、立証することが許されるものというべきである。（下線部筆者）」と判示している。この立場による場合、違法な税務調査のときには後出しが認められるということになる。前掲の最高裁平成16年12月16日判

第1章 軽減税率及びインボイス制度の概要

決は、この立場であると考えられる。

❺ 仕入税額控除の法的意義の再検討

わが国の消費税法における仕入税額控除の規定は消極要件となっているが、その法的性質は必ずしも定まっていない[46]。仮に、帳簿等の保存に関する法的意義が上記❹3）でみたような最高裁判例に基づく「不存在推認説」によって解され、それが仕入税額控除の本質であるとした場合、本来完全控除を目指すべき仕入税額控除制度につき、相当程度控除額に制限がかかることとなりかねない。消費税法における仕入税額控除の法的意義は、滝井反対意見が的確に指摘するように、税額算定の本質的な要素であり、確実な控除を目指すべきものと考えられる。したがって、インボイス制度導入を機に、わが国の消費税法における仕入税額控除の法的意義につき、再検討を図るべきものと考えられる。

---

[46] 西山前掲注40論文484頁。

8 軽減税率とインボイス制度

8　軽減税率とインボイス制度

❶ 軽減税率の概要

　軽減税率とインボイスとの関係を見る前に、まずわが国における軽減税率の概要を確認しておきたい。

ア．対象取引

　軽減税率が適用される取引（軽減対象課税資産の譲渡等）とは、大きく分けて以下の2類型である（新消法2①九の二、別表第1）。

1）飲食料品の譲渡

　軽減税率の適用対象となる「飲食料品」とは、食品表示法に規定する食品のうち、酒税法に規定する酒類（酒税法2）を除いたものをいう。ここでいう「食品」には、以下の食品表示法の条文で見るとおり、食品添加物が含まれるが、医薬品や医薬部外品は含まれない（食品表示法2①）。

食品表示法

第二条　この法律において「食品」とは、全ての飲食物（<u>医薬品、医療機器等の品質、有効性及び安全性の確保等に関する法律（昭和三十五年法律第百四十五号）第二条第一項に規定する医薬品、同条第二項に規定する医薬部外品</u>及び同条第九項に規定する<u>再生医療等製品を除き</u>、食品衛生法第四条第二項に規定する添加物（第四条第一項第一号及び第十一条において単に「添加物」という。）を含む。）をいう。（下線部筆者）

　また、飲食料品には、一体資産のうち以下の要件に該当するものも含まれる（新消法別表第1一、新消令2の3）。

　　ⅰ）一体資産の譲渡の対価の額（税抜価額）が1万円以下であること

　　ⅱ）一体資産の価額のうちに、当該一体資産に含まれる食品に係る部分の
　　　　価額の占める割合として合理的な方法により計算した割合が3分の2以

上であること

　さらに、保税地域から引き取られる課税貨物のうち、「飲食料品」に該当するものも軽減税率の適用対象となる（新消法２十一の二、別表第１の2）。

2) 新聞の定期購読契約に基づく譲渡

　一定の題号を用い、政治、経済、社会、文化等に関する一般社会的事実を掲載する新聞（週に２回以上発行するものに限る）の定期購読契約に基づく譲渡も、軽減税率の適用対象となる。

イ．飲食料品の譲渡に該当しないもの

　上記ア1）の規定の一方で、飲食店業等を営む者が行う食事の提供（外食）や、課税資産の譲渡等の相手方が指定した場所において行う加熱、調理又は給仕等の役務を伴う飲食料品の提供（ケータリング）は、軽減税率の適用対象となる「飲食料品」の譲渡には該当しない。

　また、以下の行為を伴うものは、「飲食料品」の譲渡には該当しないとされている（軽減通達12）。

　ⅰ）飲食料品の盛り付けを行う場合

　ⅱ）飲食料品が入っている器を配膳する場合

　ⅲ）飲食料品の提供とともに取り分け用の食器等を飲食に適する状態に配置等を行う場合

　軽減税率の適用がある飲食料品の範囲を図示すると、概ね次頁の図のとおりとなる。

図表1－28 ●軽減税率の適用がある飲食料品の範囲

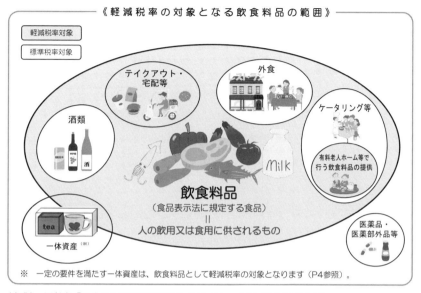

(出典) 国税庁「よく分かる軽減税率制度(パンフレット)」(令和元年7月)

ウ．軽減税率が適用される新聞

　上記ア2)で説明したとおり、軽減税率の適用対象となるのは、一定の題号を用い、政治、経済、社会、文化等に関する一般社会的事実を掲載する新聞(週に2回以上発行するものに限る)の定期購読契約に基づく譲渡をいう(新消法2①九の二、別表第1二)。

　ここでいう「題号」とは、書物等の題目や表題のことを指すが、ここで題号が用いられている理由を推測すると、同一の新聞社から幾種類もの新聞が出ている場合、題号により分類するということであると考えられる。例えば、日本経済新聞社であれば、日本経済新聞、日経産業新聞、日経MJ、日経ヴェリタスといった題号の異なるものをそれぞれ別の新聞ということで、朝刊と夕刊とは分けないということだと思われる。

　したがって、朝日新聞や日本経済新聞、読売新聞、毎日新聞、産経新聞といった全国紙、中日新聞や北海道新聞といったブロック紙、河北新報や信濃

毎日新聞といった地方紙、The Japan Times といった日刊英字新聞も含め、日刊紙で、その購読が定期購読契約に基づくもの（宅配されるもの）であれば、いずれも軽減税率の適用対象となる新聞に該当することとなる（Q&A 個別事例編問97）。

また、スポーツ新聞やタブロイド紙であるが、その内容は「政治、経済、社会、文化等に関する一般社会的事実」であり、その発刊周期も日刊であることから「週に2回以上発行するもの」に該当するため、その購読が定期購読契約に基づくものであれば、いずれも軽減税率の適用対象となる新聞に該当することとなる（Q&A 個別事例編問97）。ただし、いずれもその流通形態として大きな比重を占める駅売りやコンビニでの販売は、「定期購読契約に基づくもの」に該当しないため、残念ながら軽減税率の適用対象にならない（Q&A 個別事例編問98）。

さらに、政党の機関紙であっても、定期購読契約に基づき週2回以上発行されるものについては、軽減税率の適用が受けられる[47]。

他方で、インターネットを通じて行う電子版の新聞の配信は、「電気通信利用役務の提供」に該当し、定期購読契約に基づき宅配されるものではないことから、軽減税率の適用は受けられない（消法2①八の三、Q&A 個別事例編問101）。

上記を表にまとめると次頁のとおりとなる。

---

[47] 筆者の調査によれば、現在政党の機関紙で軽減税率の適用が受けられるものには、「しんぶん赤旗」と「公明新聞」がある。拙著『Q&A でわかる消費税軽減税率のポイント』（清文社・2016年）132頁参照。

図表 1－29 ●新聞に対する軽減税率の適用

新聞の形態		適用の有無
日刊紙	宅配のもの	○
	駅売り・コンビニ等での販売	×
日刊のスポーツ紙・タブロイド紙	宅配のもの	○
	駅売り・コンビニ等での販売	×
週2回以上発行する新聞	宅配のもの	○
	駅売り・コンビニ等での販売	×
週刊・旬刊・月刊の新聞	購読形態にかかわらず	×
電子版の新聞	月単位で契約	×

エ. 税率

軽減税率の税率は、国税である消費税が6.24%、地方税である地方消費税が1.76%の合計8%である（消法29二、地法72の83）。

なお、軽減税率のうち地方消費税分が1.76%であるのは、以下の算式から求められる。

軽減税率のうち地方消費税分
軽減税率のうち国税分6.24%（新消法29二）×22/78（地法72の83）
＝1.76%

2019（令和元）年10月以降の消費税の税率の内訳を示すと以下の表のとおりとなる。

図表 1－30 ●消費税の税率の内訳（2019年10月以降）

	標準税率	軽減税率
消費税率（国税）	7.8%	6.24%
地方消費税率	2.2%	1.76%
合　計	10.0%	8.0%

73

第 1 章　軽減税率及びインボイス制度の概要

❷ 軽減税率導入だからインボイスなのか

　わが国の消費税法は導入以来久しく EU 型のインボイスを採用しなかった
ため、インボイス自体になじみがないためもあろうが、一般納税者はもちろ
んのこと、実務家の間でもインボイスに対する誤解がみられる。その典型
が、軽減税率を導入するためには、インボイスが必要であるという見解であ
る。これは以下のような定評ある租税法の概説書でも述べられている。

> ア．水野忠恒著『大系租税法（第 2 版）』（中央経済社・2018 年）970 頁
> 　取引ごとに非課税項目やゼロ税率を設けたり複数税率を認めたりするには、個別
> の取引ごとに把握する必要がある。そのため、取引ごとの税額票（インボイス）
> が必要となる。インボイスが存在しないと、非課税品目や複数税率は機能しにく
> い。あるいは、インボイス方式を採用しないとしても、複雑な表記を伴う帳簿が
> 必要となる。この点は、今後の消費税論議において税率を考える際に重要な論点
> となる。

　「インボイスが存在しないと、非課税品目や複数税率は機能しにくい」と
いうようなことは決してないということは、現行の区分記載請求書等保存方
式の実態をみれば明白である。また、「インボイス方式を採用しないとして
も、複雑な表記を伴う帳簿が必要となる」という記述については、具体的に
どういうことを指すのか、判然としない。現行の区分記載請求書等保存方式
は、複雑すぎて事業者の負担が重すぎるということだろうか。前述❺❸の
比較表を見れば分かるとおり、インボイス方式である適格請求書等保存方式
の下での帳簿は、現行の区分記載請求書等保存方式の帳簿と実質的な差はな
い。この点についても、実務の実態とかけ離れた議論のような気がしてなら
ない。

> イ．谷口勢津夫・一高龍司・野一色直人・木山泰嗣著『基礎から学べる租税法（第
> 3 版）』（弘文堂・2022 年）198 頁（野一色直人執筆）

74

現行の帳簿方式において、税率の異なる品目に関する仕入税額控除の計算については、必ずしも正確に効率的な対応ができない。そのため、軽減税率制度の導入に対応した仕入税額控除の方法として、抜本改革法の平成28年11月改正により、いわゆるインボイス方式である適格請求書等保存方式が令和5年10月1日から導入されることとなった。

ここでの「現行の帳簿方式において、税率の異なる品目に関する仕入税額控除の計算については、必ずしも正確に効率的な対応ができない」という記述も、具体的に何を指してのことであるのか判然とせず、理解が困難である。

❸ インボイス導入の本音

財務省によるインボイス導入に係る税制改正の解説書における以下の記述も、その根拠は必ずしも明確ではない。

○　財務省編『平成28年度税制改正の解説』808頁
　しかし、複数税率制度の下で前段階税額控除の仕組みを適正に機能させるためには、欧州諸国の付加価値税制度において広く採用されているいわゆる「インボイス方式」の導入が不可欠だと考えられていました。すなわち、売手側における適用税率の認識と仕入側における適用税率の認識を一致させるために、売手側に必要な情報を記載した請求書等（インボイス）の発行を義務付けるとともに、当該請求書等（インボイス）の保存を仕入税額控除の適用要件とする必要があります。また、そうした仕組みを機能させる観点から、課税事業者として適正な請求書等（インボイス）を発行できる事業者であることが、他の事業者から確認できる仕組みも必要となってきます。
　わが国の消費税制度は、単一税率であり、かつ、非課税対象が限定的であること等を踏まえ、これまで「請求書等保存方式」が採用されてきたところですが、軽減税率制度の導入に伴い、いわゆるインボイス方式である「適格請求書等保存方式」を導入することとされました。

軽減税率の導入により、わが国の消費税法の税率構造が複雑化し、インボ

イスがないと対応できないかの記述ぶりであるが、そもそもわが国の消費税法につき「非課税対象が限定的である」という評価は、社会保険診療や福祉、居住用家屋の貸付けや土地取引、金融取引等で幅広く非課税が適用されている実態を直視する限りにおいて、正当とは言えないものと思われる。しかし、仮に正当であるとするならば、さらに適用範囲が限定的な「軽減税率」が導入された程度で、「請求書等保存方式（その後継者である区分請求書等保存方式）」による対応が困難になるというロジックは、破綻していると言わざるを得ない。

　上記記述のうち、「課税事業者として適正な請求書等（インボイス）を発行できる事業者であること」に、課税庁の本音が表れている。要するにインボイス導入の動機は、消費税の仕組み（仕入税額控除制度）からの免税事業者の排除にあるのである。「売手側における適用税率の認識と仕入側における適用税率の認識を一致させるため」であればインボイスは不要であるが、免税事業者には発行できないインボイスを仕入税額控除の要件としてしまえば、消費税の仕組み（仕入税額控除制度）からの免税事業者の排除は容易である。

　要するに、軽減税率の導入に伴う「複数税率化」と、インボイスの導入とは、必ずしもリンクするものではなく、別途議論すべきものである。軽減税率の導入に伴う「複数税率化」とインボイスの導入とを直接結びつけ、複数税率化のためにはインボイス導入が必須であるかのごとき議論は、理論的には根拠がなく、また実務上の要請でもない。

　インボイスの導入の目的は、消費税の仕組み（仕入税額控除制度）からの免税事業者の排除（益税の縮小）にあるということが、平成28年度の税制改正論議では表に出てこなかった。仮に当該本音を前面に出して税制改正の論議がなされたのであれば、インボイスの導入はそれほど容易ではなかったものと推測される。わが国の税制改正論議の公平性・公正性を考える上で、消費税法におけるインボイス導入論議は、今後の教訓としなければならない

であろう。

❹ インボイスと軽減税率の表示

　本節においては、これまでやや理論的な解説が多かったので、本書の趣旨を踏まえ、少し実務的な内容にも触れておきたい。インボイス（適格請求書）における軽減税率適用対象品の表示は以下のとおりとなる。

図表1-31 ●適格請求書における軽減税率適用対象品等の表示例その1

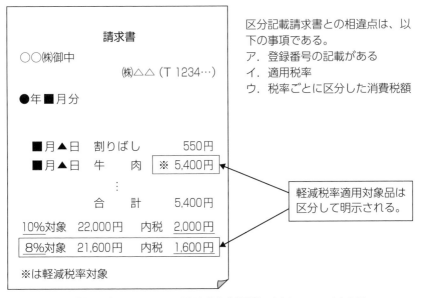

（出典）　国税庁「令和3年10月1日から登録申請書受付開始！」（リーフレット）2頁

第1章　軽減税率及びインボイス制度の概要

図表1-32　●適格請求書における軽減税率適用対象品等の表示例その2

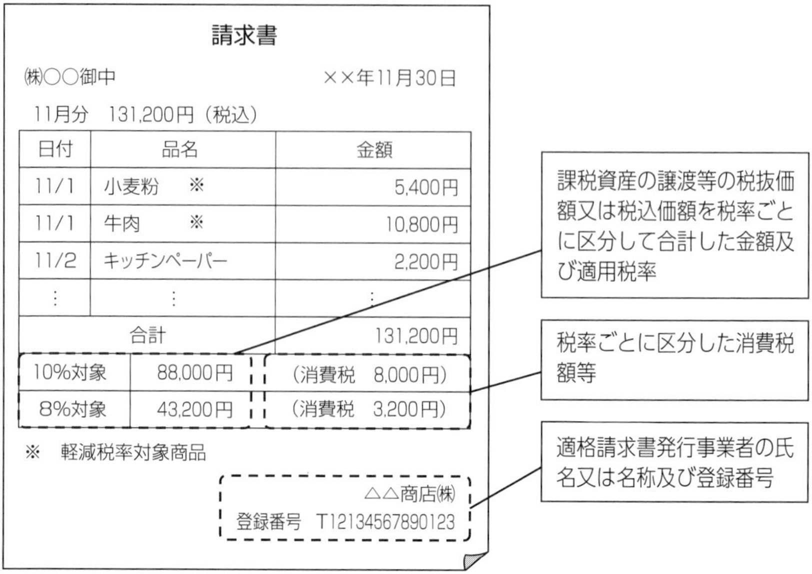

請求書

㈱○○御中　　　　　　　　　　　××年11月30日

11月分　131,200円（税込）

日付	品名	金額
11/1	小麦粉　　※	5,400円
11/1	牛肉　　　※	10,800円
11/2	キッチンペーパー	2,200円
⋮	⋮	⋮
合計		131,200円
10%対象	88,000円	（消費税　8,000円）
8%対象	43,200円	（消費税　3,200円）

※　軽減税率対象商品

△△商店㈱
登録番号　T12134567890123

[注記] 課税資産の譲渡等の税抜価額又は税込価額を税率ごとに区分して合計した金額及び適用税率

[注記] 税率ごとに区分した消費税額等

[注記] 適格請求書発行事業者の氏名又は名称及び登録番号

（出典）　国税庁「消費税仕入税額控除制度における適格請求書等保存方式に関するQ&A（平成30年6月）」（令和4年11月改訂）問45を基に筆者作成

　また、「適格請求書」といってもその対象は「請求書」に限定されず、適格請求書等保存方式においても、仕入側が作成した一定事項の記載のある「仕入明細書」も要件に該当する場合には「適格請求書」として扱われる。軽減税率適用対象品が存在する「仕入明細書」に係る記載例は次頁のとおりである。

78

図表1-33 ●適格請求書における軽減税率適用対象品等の表示例その3（仕入明細書の場合）

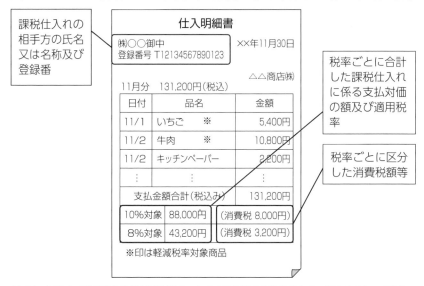

（出典） 国税庁「消費税仕入税額控除制度における適格請求書等保存方式に関するQ&A（平成30年6月）」（令和4年11月改訂）問77を基に筆者作成

　一方、事業者によっては、軽減税率適用対象の品目を扱わない者も相当数あるものと考えられるが、その場合のインボイス（適格請求書）における軽減税率適用対象品の表示は次頁のとおりとなる。

第 1 章　軽減税率及びインボイス制度の概要

図表 1−34　●軽減税率適用対象品目を扱わない事業者の発行する適格請求書の例

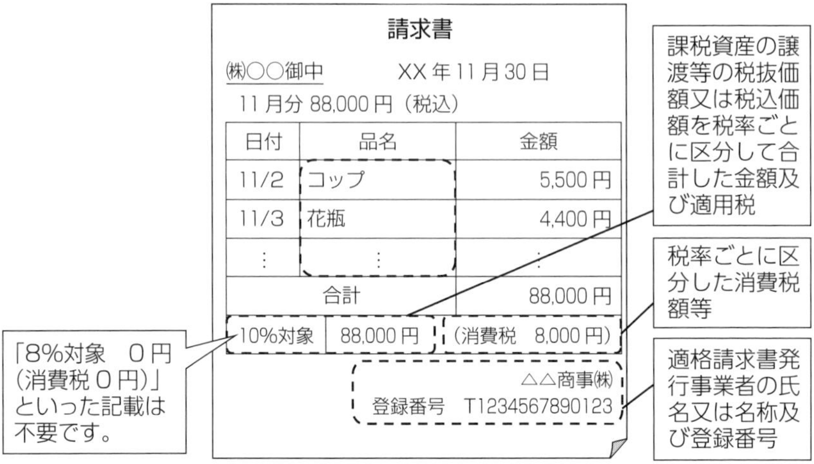

請求書

㈱○○御中　　　　　XX 年 11 月 30 日

11 月分 88,000 円（税込）

日付	品名	金額
11/2	コップ	5,500 円
11/3	花瓶	4,400 円
⋮	⋮	⋮
	合計	88,000 円

10%対象　88,000 円　（消費税　8,000 円）

△△商事㈱
登録番号　T1234567890123

課税資産の譲渡等の税抜価額又は税込価額を税率ごとに区分して合計した金額及び適用税

税率ごとに区分した消費税額等

適格請求書発行事業者の氏名又は名称及び登録番号

「8%対象　0 円（消費税 0 円）」といった記載は不要です。

（出典）　国税庁「消費税仕入税額控除制度における適格請求書等保存方式に関する Q&A（平成 30年 6 月）」（令和 4 年 11 月改訂）問 64 を基に筆者作成

　重要な点は、販売する商品が軽減税率（8%）の適用対象とならないものだけであるときには、「軽減対象資産の譲渡等である旨」の記載は不要であり、これまでと同様に課税資産の譲渡等の対価の額（税込価格）の記載があれば、結果として「課税資産の譲渡等の税抜価額又は税込価額を税率ごとに区分して合計した金額」の記載があるものとなる、ということである。

80

第2章

区分記載請求書等保存方式の実務

1 区分記載請求書等保存方式の記載事項

❶ 区分記載請求書等保存方式の意義

　軽減税率導入に伴い、事業者の仕入税額控除の方法も、原則として適格請求書・適格簡易請求書と呼ばれるインボイスに基づき行うこととなるが、その前段階・準備段階として、令和元（2019）年10月から同5（2023）年9月までの4年間に渡り、区分記載請求書等保存方式という経過措置的な方法を挟むこととなる。

図表2-1 ●軽減税率導入前後の仕入税額控除の方法の推移

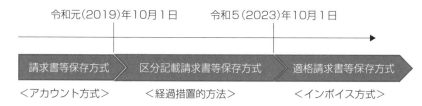

　区分記載請求書等保存方式を「経過措置的方法」というのは、当該方式はインボイス方式ではなく、帳簿等の記載に基づき課税期間内の仕入れの総額に税率を乗じて得られた金額の控除を認める「アカウント方式[1]」の一種で、軽減税率の導入により税率構造がやや複雑化する中で、基本的な仕組みは維持しつつ記載事項を追加するという方法で対応しようという点を指してのものである。

---

[1] 金子宏『租税法（第二十四版）』（弘文堂・2021年）806頁。

第 2 章　区分記載請求書等保存方式の実務

❷ 帳簿の記載事項

区分記載請求書等保存方式における帳簿の記載事項は、以下の事項である（消法 30⑨二、平 28 改正法附則 34②）。

　ア．相手方の氏名又は名称

　イ．課税仕入れを行った年月日

　ウ．課税仕入れに係る資産又は役務の内容（軽減税率対象品目の場合、その内容及びその旨）

　エ．課税仕入れに係る支払対価の額

❸ 請求書等の記載事項

区分記載請求書等保存方式における請求書等の記載事項は、以下の事項である（消法 30⑨一、平 28 改正法附則 34②）。

　ア．作成者の氏名又は名称

　イ．課税資産の譲渡等を行った年月日

　ウ．課税資産の譲渡等に係る資産又は役務の内容（軽減税率対象品目の場合、その旨）

　エ．税率ごとに合計した課税資産の譲渡等の対価の額（税込価額）

　オ．交付を受ける事業者の氏名又は名称

2　請求書等の保存を要しない場合

　区分記載請求書等保存方式において、請求書等の保存を要しない場合は以下のとおりである。

❶ 3万円未満の取引

　課税仕入れに係る支払対価の額（税込み）の合計額が3万円未満である取引については、従来の請求書等保存方式の場合と同様に、区分記載請求書等保存方式においても、請求書等の保存がなくとも、帳簿の保存のみで仕入税額控除を行うことができる（消法30⑦、消令49①一）。勿論、当該帳簿には、後述❸❶アでも指摘するとおり、課税仕入れに係る資産又は役務の内容につき、「軽減税率対象品目の場合、その内容及びその旨」の記載要件が追加されているため、その旨の記載を行う必要がある。

　なお、課税仕入れに係る支払対価の額の合計額が3万円未満であるかどうかの判断は、一回の取引の課税仕入れに係る税込みの金額が3万円未満かどうかで行うのであり、一商品ごとに行うのではないという点に注意を要する（消基通11-6-2）。

❷ 3万円以上の取引

　課税仕入れに係る支払対価の額（税込み）の合計額が3万円以上である取引であっても、以下の2つの要件を満たす場合には、帳簿の保存のみで仕入税額控除を行うことができる（消法30⑦、消令49①二）。

　ア．請求書等を受け取らなかったことについて「やむを得ない理由」がある

　イ．帳簿にその「やむを得ない理由」と「仕入先の住所又は所在地」を記載している

ここでいう「やむを得ない理由」とは、通達によれば、以下のような場合をいうものと解されている（消基通11−6−3）。

　1）自動販売機を利用して課税仕入れを行った場合

　2）入場券、乗車券、搭乗券等のように、課税仕入れに係る証明書類が相手方により回収される場合

　3）課税仕入れを行った者が相手方に請求書などの交付を請求したが、交付を受けられなかった場合

　4）課税仕入れを行った課税期間の末日までに、その支払額が確定していない場合

　5）その他、上記に準ずる理由により請求書等の交付が受けられなかった場合

　さらに、以下の国税庁長官が指定する者に係る課税仕入れについては、帳簿への「仕入先の住所又は所在地」の記載を省略することができる（消基通11−6−4）。

　1）汽車、電車、乗合自動車、船舶又は航空機に係る旅客運賃（料金を含む）

　2）郵便役務の提供

　3）課税仕入れに該当する出張旅費、宿泊費、日当及び通勤手当の支払い

　4）再生資源卸売業者その他不特定多数の者から課税仕入れを行う事業に係る課税仕入れ

3 従来の制度との違い

❶ 請求書等保存方式との違い

　仕入税額控除の方法に関し、軽減税率導入前までの方法でアカウント方式である「請求書等保存方式」と、以後に導入される「区分記載請求書等保存方式」との相違点は以下のとおりである。

ア．帳簿の記載事項

　課税仕入れに係る資産又は役務の内容につき、「軽減税率対象品目の場合、その内容及びその旨」の記載要件が追加された。

イ．請求書等の記載事項

　1）課税資産の譲渡等に係る資産又は役務の内容につき、上記ア「帳簿の記載事項」と同様に、「軽減税率対象品目の場合、その旨」の記載要件が追加された。

　2）課税資産の譲渡等の対価の額（税込価額）につき、「税率ごとに合計した」課税資産の譲渡等の対価の額（税込価額）の記載要件が追加された。

❷ 相違点の比較表

　上記を踏まえた「請求書等保存方式」と「区分記載請求書等保存方式」の相違点を表にまとめると、次頁のとおりとなる。

第2章　区分記載請求書等保存方式の実務

図表2-2 ●請求書等保存方式と区分記載請求書等保存方式との比較表

	請求書等保存方式	区分記載請求書等保存方式
帳簿の要件	・相手方の氏名又は名称 ・課税仕入れを行った年月日 ・課税仕入れに係る資産又は役務の内容 ・課税仕入れに係る支払対価の額	・同左 ・同左 ・課税仕入れに係る資産又は役務の内容（軽減税率対象品目の場合、その内容及びその旨） ・同左
請求書等の要件	・作成者の氏名又は名称 ・課税資産の譲渡等を行った年月日 ・課税資産の譲渡等に係る資産又は役務の内容 ・課税資産の譲渡等の対価の額（税込価額） ・交付を受ける事業者の氏名又は名称	・同左 ・同左 ・課税資産の譲渡等に係る資産又は役務の内容（軽減税率対象品目の場合、その旨） ・税率ごとに合計した課税資産の譲渡等の対価の額（税込価額） ・同左

(注)　区分記載請求書等保存方式につき新たに加わった要件は下線で示している。

❸ 免税事業者の取扱い

　区分記載請求書等保存方式はアカウント方式であるため、免税事業者であっても、区分記載請求書を発行することができる。その意味で、区分記載請求書等保存方式の下での免税事業者の地位は、従前の請求書等保存方式の場合と変わりがない。

　また、免税事業者がその請求書に消費税額を表示し、その金額を取引の相手方から受領した場合には、当該免税事業者は当該消費税につき申告・納税する必要がないが、所得税・法人税の申告上、所得に含める必要がある。なお、国税庁は、「免税事業者は、課税資産の譲渡等に課される消費税がないことから、請求書等に『消費税額』等を表示して別途消費税相当額等を受け取るといったことは、消費税の仕組み上、予定されていません[2]。」という立場を採っている。

　さらに、国税庁は、区分記載請求書等保存方式の下で、免税事業者が課税

88

事業者から区分記載請求書等の発行を求められるケースがあり、その場合は、「軽減税率対象品目の場合、その旨」と「税率ごとに合計した課税資産の譲渡等の対価の額（税込価額）」の記載が求められる点につき言及している[3]。しかし、免税事業者はそのような請求書等を発行することが義務付けられているわけではないので、応じるか否かはあくまで免税事業者の任意である。仮に、免税事業者から上記記載事項を欠いた請求書等の交付を受けた場合には、次項で述べる追記による補正を行う必要がある。

---

[2] 国税庁編「消費税の軽減税率制度に対応した経理・申告ガイド」（令和元年6月）15頁。なお、当該説明は、最高裁平成17年2月1日判決・民集59巻2号245頁において、「したがって消費税の納税義務を負わず、課税資産の譲渡等の相手方に対して自らに課される消費税に相当する額を転嫁すべき立場にない免税事業者については、消費税相当額を上記のとおり控除することは、法の予定しないところというべきである。」とされた判示から来ているものと考えられる。
[3] 国税庁前掲注2文書15頁。

第 2 章　区分記載請求書等保存方式の実務

4　追記による補正

❶ 追記による補正の意義

　軽減税率導入後も、これまでの経理システムを見直すことなく使用している事業者もみられる。その場合、当該事業者は軽減税率対象品目である旨といった事項が欠落した請求書等を発行しているのであるが、そのような事業者に対して前述❶❸の要件を満たす請求書等の再発行を要求する必要があるのだろうか。

　これについては、取引相手から受領した請求書等に、事後的に必要事項を事実に基づき記載する「追記」という方法で対応することが法的に認められている（平28改正法附則34③）。したがって、取引相手から改めて要件を満たす請求書等の再発行を求める必要はない。

　追記可能な事項は、請求書等に係る以下の2点である。

　ア．課税資産の譲渡等に係る資産又は役務の内容につき、「軽減税率対象品目の場合、その旨」

　イ．課税資産の譲渡等の対価の額（税込価額）につき、「税率ごとに合計した」課税資産の譲渡等の対価の額（税込価額）

　なお、追記が認められているのは、上記ア及びイの2点のみで、他の項目につき補正や修正等の追記を行うことはできない（軽減通達19）。

❷ 追記による補正の方法

　例えば、免税事業者からの仕入れに関し、次頁のような従来の請求書等保存方式の記載事項を満たす領収書の交付を受けている場合、どのような追記を行う必要があるのだろうか。追記による補正の方法を図で示してみる（Q＆A 個別事例編問 111 参照）。

図表２−３ ●免税事業者から交付された領収書

令和元年11月１日

ABC商店

東京都渋谷区本町1－2－3

領収書

乳製品	1	￥10,800
加工食品	1	￥ 8,640
キッチン用品	1	￥ 5,500
合計		￥24,940
お預り	￥25,000	
おつり	￥　　60	

図表２−４ ●領収書への追記例

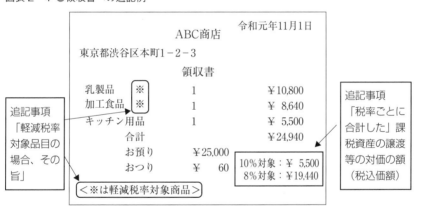

第 2 章　区分記載請求書等保存方式の実務

5　区分記載請求書等の記載例

❶ 個々の商品の記載が必要か

　八百屋のように、飲食料品を多数扱う小売店での区分記載請求書等におい
て、課税資産の譲渡等につき、その個々の品目（例えばレタスやダイコン
等）を記載すべきなのか、それとも「野菜」のようにまとめて記載すること
も容認されるのであろうか。領収書やレシートを発行するレジのシステムに
もよるが、登録できる品目数に限りあるため、品目のカテゴリーをある程度
まとめて入力せざるを得ない中小零細事業者も少なくないと思われる。

　これについては、国税庁の Q&A によれば、以下で示す領収書のように、
その店舗が取り扱っている商品の一般的な総称（八百屋であれば「野菜」、
精肉店であれば「肉」、その他「食品」「飲食料品」等）の記載であっても、
課税資産の譲渡等に係る資産又は役務の内容（軽減税率対象品目の場合、そ
の旨）が分かるため、区分記載請求書等保存方式における請求書等の記載事
項である「資産の内容」を満たすものとして取り扱われる、とされている
（Q&A 個別事例編問 104 参照）。

図表2-5 ●個々の品目ではなく総称の記載でも問題ないとされる例

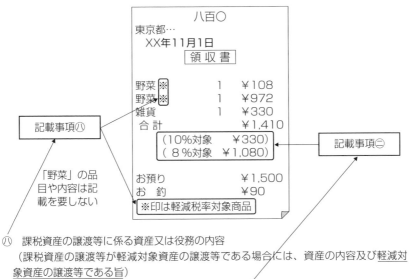

㈧ 課税資産の譲渡等に係る資産又は役務の内容
（課税資産の譲渡等が軽減対象資産の譲渡等である場合には、資産の内容及び軽減対象資産の譲渡等である旨）
㈡ 税率ごとに合計した課税資産の譲渡等の対価の額

（出典）　国税庁Q&A 個別事例編問104を基に筆者作成

　なお、国税庁のQ&Aによれば、次頁の図のように、内部コードの記載といった取引の内容が記載されているとはいえない場合には、区分記載請求書等保存方式における請求書等の記載事項である「資産の内容」を満たすものとはいえないものと取り扱われる、とされている（Q&A個別事例編問104参照）。システムの導入や改修の際には、この点につき、資産の内容が分かる表示に改めるなどの対応を行うよう、留意すべきであろう。

図表2−6 ●資産の内容を示しているとはいえない例

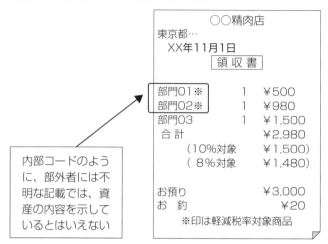

(出典) 国税庁 Q&A 個別事例編問 104 を基に筆者作成

❷ 一定期間分の取引のまとめ記載の是非

　継続的な取引を行っている場合、納品書等では個々の取引や品目等を記載しているものの、請求書や領収書では一か月分をまとめて記載する事業者も少なくないものと考えられる。このような場合、請求書や領収書において記載すべき「軽減対象資産の譲渡等である旨」は、一か月分の合計額に印をつけるなどして対応するということで問題ないといえるのであろうか。

　これについては、国税庁のQ&Aによれば、例えば、同一の商品（一般的な総称による区分が同一となるもの）を一定期間に複数回購入しているような場合、その一定期間分の請求書等に一回ごとの取引の明細が記載又は添付されていなければならないが、請求書等に記載すべき「軽減対象資産の譲渡等である旨」については、同一の商品をまとめて記載しても問題ない、とされている（Q&A個別事例編問105）。留意すべきは、一回ごとの取引の明細を省略できるわけではないという点である。

　なお、同Q&Aにおいては、「課税仕入れに係る資産又は役務の内容」の

記載例として、以下のものを挙げている（Q&A 個別事例編問 105）。

図表 2−7 ● 「課税仕入れに係る資産又は役務の内容」の記載例

事業形態	記載例
青果店	野菜、果実、青果
魚介類の卸売業者	魚類、乾物
一般事業者の文房具の購入	文房具

❸ 税抜対価の額（本体価格）と消費税額とを記載する場合

　次に、区分記載請求書等保存方式において、その記載要件である「税率ご
とに合計した課税資産の譲渡等の対価の額（税込価格）」について、代わり
に、ア「税率ごとに合計した課税資産の譲渡等の対価の額（税抜価格ないし
本体価格）」及びイ「それに係る消費税額」を分けて記載する方法を採るこ
とも考えられる。ア＋イで「税率ごとに合計した課税資産の譲渡等の対価の
額（税込価格）」が求められるため、要件を満たすものと考えられるが、そ
れでよいのであろうか。

　この点については、国税庁の Q&A によれば、次頁の記載例のように、
「税率ごとに合計した課税資産の譲渡等の対価の額（税抜価格ないし本体価
格）」及び「それに係る消費税額」を分けて記載する方法を採った場合も、
「税率ごとに合計した課税資産の譲渡等の対価の額（税込価格）」の要件を満
たすものと取り扱うものとされている（Q&A 個別事例編問 108）。

図表2-8 ●税抜対価の額（本体価格）と消費税額とを分けて記載する例

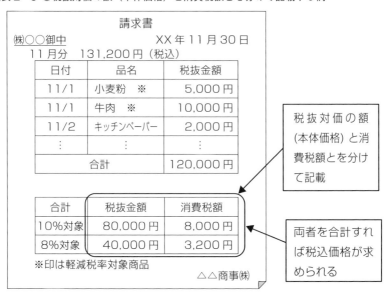

（出典）国税庁Q&A個別事例編問108を基に筆者作成

❹ 商品の全てが軽減税率の対象である場合

　領収書や請求書に記載されている商品が全て飲食料品などの軽減税率の対象である場合、区分記載請求書等保存方式において求められる「軽減対象資産の譲渡等である旨」の記載は、どのように行うべきなのであろうか。

　この場合は、国税庁のQ&Aによれば、請求書等に記載されている商品等の全てが軽減対象資産の譲渡等に係るものであるときには、例えば以下の記載例のように、請求書等に「全商品が軽減税率対象」などと記載し、請求書等に記載されている商品等の全てが「軽減対象資産の譲渡等である旨」が明らかにされており、それが分かるといった対応をすればよいこととされている（Q&A個別事例編問112）。

図表 2−9 ●「全商品が軽減税率対象」という旨の記載例

```
                                    令和元年11月1日
                   ABC商店
    東京都渋谷区本町1−2−3
                   領収書
    乳製品          1              ¥10,800
    加工食品         1              ¥ 8,640
    乾物           1              ¥ 5,400
        合計                     ¥24,840
        お預り      ¥25,000      記載の全商品が
        おつり      ¥   160      軽減税率対象
```

❺ 軽減税率の適用対象商品がない場合

　上記❹とは逆に、領収書や請求書に記載されている商品が全て標準税率の適用対象商品で、軽減税率の対象商品がない場合、従来の請求書等保存方式における請求書等の様式のまま「変更なし」として問題ないといえるのであろうか。

　この点について、国税庁のQ&Aによれば、販売する商品が軽減税率の適用対象とならないもののみであれば、「軽減対象資産の譲渡等である旨」の記載は不要で、これまでと同様に課税資産の譲渡等の対価の額（税込価格）の記載があれば、結果として「税率ごとに合計した課税資産の譲渡等の対価の額」の記載があるものとなることから、従来どおりの請求書等の様式のまま変更の必要はない、としている（Q&A個別事例編問113）。

　例えば、以下のような請求書で、区分記載請求書等保存方式の下において従来の様式を変更せず使用している場合であっても、特に問題ないといえる。そのため、サービス業等で軽減税率の適用対象となるものを扱っていない場合には、現行のシステムをそのまま利用できるものと考えられる。

図表2-10 ●軽減税率の適用対象商品がなく従来の様式をそのまま使用している場合

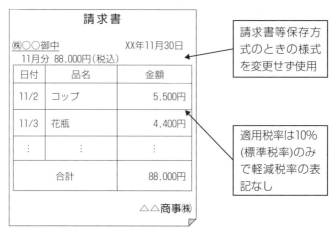

(出典) 国税庁 Q&A 個別事例編問 113 を基に筆者作成

❻ 税率ごとに請求書を分けることは可能か

　区分記載請求書等保存方式においては、請求書等に税率ごとに課税資産の譲渡等の対価の額の合計額を記載する必要があるが、当該請求書等を、標準税率の対象となるものと軽減税率の対象となるものとに分けて発行することは問題ないだろうか。

　この点について、国税庁のQ&Aによれば、請求書等につき、以下の記載例のように異なる税率ごとに分けて発行することは何ら問題ないとされている。勿論、この場合も、仕入税額控除の要件を満たすためには、軽減税率の対象となる商品に係る請求書には、「軽減対象資産の譲渡等である旨」の記載が必要となる（Q&A 個別事例編問 114）。

5 区分記載請求書等の記載例

図表2－11 ●税率ごとに請求書を分けて発行する場合

＜軽減税率対象分＞

請求書

（軽減税率対象）

㈱○○御中　　　　　XX年11月30日

11月分 43,200円（税込）

日付	品名	金額
11/1	米	5,400円
11/1	牛肉	10,800円
⋮	⋮	⋮
合計		43,200円

△△商事㈱

軽減税率対象分で
あることを明記

＜軽減税率対象分以外(標準税率)＞

請求書

㈱○○御中　　　　　XX年11月30日

11月分 88,000円（税込）

日付	品名	金額
11/2	キッチンペーパー	2,200円
⋮	⋮	⋮
合計		88,000円

△△商事㈱

税率ごとに合計額を明記

（出典）　国税庁 Q&A 個別事例編問 114 を基に筆者作成

❼ 相手方の確認を受けた仕入明細書

　従来の請求書等保存方式と同様に、区分記載請求書等保存方式の下におい
ても、仕入側が自ら作成した一定事項についての記載がある仕入明細書等の
書類で、相手側（仕入先）の確認を受けたものについては、仕入税額控除の
要件として保存すべき請求書等に該当する（消法30⑨二）。それでは、区分
記載請求書等保存方式の下において、このような仕入明細書の記載要件はど
うなっているのであろうか。

　この点については、通常の請求書等の記載要件と特に異なることはないと
いうことになる。すなわち、次頁の例で示された仕入明細書のように、「軽
減対象資産の譲渡等に係るものである旨（記載事項㊁）」と「税率ごとに合
計した課税仕入れに係る支払対価の額（記載事項㊖）」の記載・表示が必須
ということである（Q&A 個別事例編問 115）。

99

図表2-12 ●仕入明細書の記載例

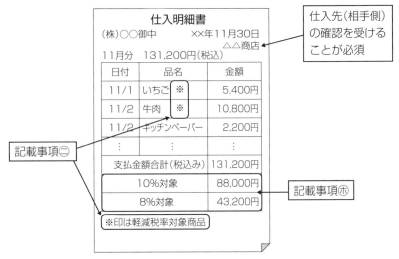

（出典） 国税庁 Q&A 個別事例編問 115 を基に筆者作成

❽ 旧税率の8%と軽減税率の8%とが混在する請求書

　消費税に関し軽減税率が導入される令和元（2019）年10月1日前後に係る取引については、税率8%の取引といっても、旧税率（旧標準税率）8%（国税6.3%及び地方消費税1.7%）のものと、軽減税率8%（国税6.24%及び地方消費税1.76%）のものとが混在する可能性があり、適切な表示を行わないと混乱を招くことも予想されるところである。このような場合、区分記載請求書等保存方式の下において、どのような請求書を発行すべきなのであろうか。

　国税庁によれば、その方法の一つとして、「税率ごとに合計した課税仕入れに係る支払対価の額」につき、同一の請求書内において標準税率10%と軽減税率8%とを税率ごとに合計するだけでなく、旧税率8%の対象商品についても、次頁の記載例のように、当該商品を区分して合計する必要があるものとされている（Q&A 個別事例編問 116）。

5 区分記載請求書等の記載例

図表2-13 ●同一請求書内で令和元（2019）年9月30日までの取引と令和元（2019）年10月1日以降の取引を区分して表示する場合の記載例

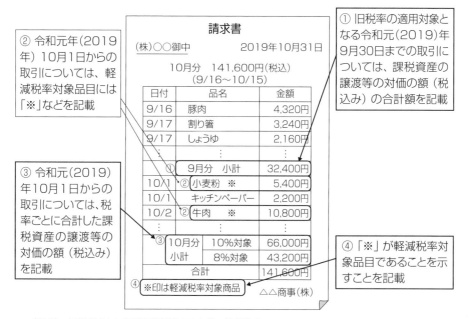

（出典） 国税庁 Q&A 個別事例編問 116 を基に筆者作成

　もう一つの方法として、「税率ごとに合計した課税仕入れに係る支払対価の額」につき、軽減税率が導入される前の9月30日までの取引と、導入後の10月1日以降の取引とを、次頁の記載例のように別の請求書において表示し請求するという方法があるとしている（Q&A 個別事例編問 116）。

第2章　区分記載請求書等保存方式の実務

図表2−14 ●軽減税率が導入される前の取引と導入後の取引とを別の請求書において表示し請求する記載例

9月分は「税率ごとに合計した課税仕入れに係る支払対価の額」は不要

請求書

(株)○○御中　　　　　　2019年10月31日

① 9月分　32,400円(税込)
　　　　　(9/16〜9/30)

日付	品名	金額
9/16	豚肉	4,320円
9/17	割り箸	3,240円
9/17	しょうゆ	2,160円
⋮	⋮	⋮
	合計	32,400円

△△商事㈱

請求書

(株)○○御中　　　　　　2019年10月31日

② 10月分　109,200円(税込)
　　　　　(10/1〜10/15)

日付	品名	金額
10/1	③ 小麦粉　※	5,400円
10/1	キッチンペーパー	2,200円
10/2	③ 牛肉　※	10,800円
⋮	⋮	⋮
	合計	109,200円
④	10%対象	66,000円
	8%対象	43,200円

⑤ ※印は軽減税率対象商品

△△商事㈱

① 旧税率の適用対象となる令和元(2019)年9月30日までの取引に係る請求書を発行

② 新税率の適用対象となる令和元(2019)年10月1日からの取引に係る請求書を発行
③ 令和元年(2019)年10月1日からの取引については、軽減税率対象品目には「※」などを記載
④ 令和元年(2019)年10月1日からの取引については、税率ごとに合計した課税資産の譲渡等の対価の額(税込み)を記載
⑤ 「※」が軽減税率対象品目であることを示すことを記載

(出典)　国税庁 Q&A 個別事例編問 116 を基に筆者作成

❾ 一括値引きがある場合の領収書への記載

　スーパー等の小売業においては、クーポン等による値引き販売が一般的にみられるところである。それでは、飲食料品と飲食料品以外の資産を同時に譲渡し、割引券等の利用によりその合計額から一括して値引きを行う場合、区分記載請求書等保存方式の下において、税率ごと（標準税率及び軽減税率）に区分した値引き後の課税資産の譲渡等の対価の額に対してそれぞれ課

102

される消費税を、領収書やレシートにどのように記載すべきなのであろうか。

国税庁によれば、その方法の一つとして、以下の記載例ように、領収書等に値引き後の「税率ごとに合計した課税資産の譲渡等の対価の額」をまとめて記載する方法があるとされる（Q&A個別事例編問118）。

図表2-15 ●値引き後の「税率ごとに合計した課税資産の譲渡等の対価の額」をまとめて記載する方法（いずれも税込み）

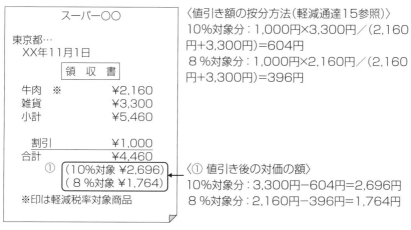

（出典） 国税庁Q&A個別事例編問118を基に筆者作成

また、もう一つの方法として、次頁の記載例のように、値引き前の「税率ごとに合計した課税資産の譲渡等の対価の額」に加え、税率ごとの値引き額を記載する方法があるとされる（Q&A個別事例編問118）。

図表2-16 ●値引き前の「税率ごとに合計した課税資産の譲渡等の対価の額」及び税率ごとの値引き額を記載する方法

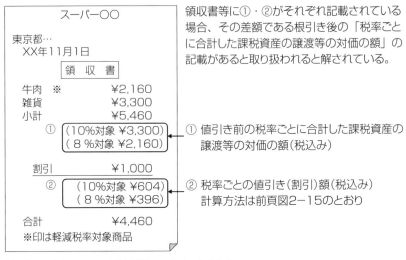

(出典) 国税庁Q&A個別事例編問118を基に筆者作成

❿ 販売奨励金等の売上に係る対価の返還等がある場合の請求書の記載

　卸売業者の場合、取引先との間で取引高に応じ販売奨励金の支払いを行うことがある。このような販売奨励金は、一般に、卸売業者における売上に係る対価の返還等に該当し、取引先においては仕入れに係る対価の返還等に該当する。

　売上に係る対価の返還等を行った事業者については、その売上に係る対価の返還等の対象となった取引の事実に基づいて適用される税率を判断することとなり、その金額が合理的に区分されていないときは、その対象となった課税資産の譲渡等の内容に応じて税率ごとに按分し、区分することとなる（平28改正法附則34②、平28改正令附則8①）。

　このような売上に係る対価の返還等を行った場合や仕入れに係る対価の返還等を受けた場合、一定の事項が記載された請求書等の保存は求められては

いないが、次の事項等を記載した帳簿を保存する必要がある（消法38②、58、消令58、71、平28改正令附則8②、消規27、平28改正規附則11）。

ア．売上に係る対価の返還等

1）売上に係る対価の返還等に係る課税資産の譲渡等が軽減対象資産の譲渡等である場合には、資産の内容及びその旨

2）税率ごとに区分した売上に係る対価の返還等をした金額

イ．仕入れに係る対価の返還等

仕入れに係る対価の返還等が他の者から受けた軽減対象資産の譲渡等に係るものである場合には、資産の内容及びその旨

国税庁によれば、上記を踏まえると、区分記載請求書等保存方式の下において、税率ごとに区分した販売奨励金に係る消費税額につき、以下のような請求書の記載例があるものとされている（Q&A個別事例編問119）。

図表2-17 ●税率ごとに販売奨励金を記載する請求書の例

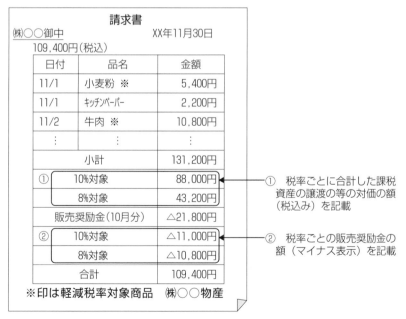

（出典）　国税庁 Q&A 個別事例編問 119 を基に筆者作成

⑪ 年間契約の対価に係る区分記載請求書の記載

サーバーの保守サービスのように、サービスの提供を一年契約で行うケースも多数見られるところである。当該サービス契約につき、１年間のサービス料を前受けすることもある。そのとき、例えば令和元（2019）年４月～令和２(2020) 年３月の１年分のように、その契約期間が税率８% 適用時（2019年９月まで）と10% 適用時（2019年10月以降）をまたがる場合、令和元(2019）年４月に取引の相手先に請求書を交付することになるが、その際の請求書はどのようなものとなるのであろうか。

国税庁によれば、年間契約の対価に係る請求書等においては、令和元(2019）年10月以降、軽減税率の適用対象とならない取引であったとしても、令和元（2019）年９月までの取引と税率が異なることから、取引の相手方が仕入税額控除を行うための請求書等の記載事項を満たすためには、令和元（2019）年９月までの対価の額と令和元（2019）年10月以降の対価の額を区分して記載する必要がある（Q&A 個別事例編問 117）。

図表２－18 ●年間契約の対価に係る区分記載請求書の記載例

請求書

2019年4月○日

㈱○○御中

△△㈱

ご請求金額　1,308,000円（税込み）

2019年4月から2020年3月分　サーバー保守料として

件名	期間	単価	金額
サーバー保守	2019.4.1～2020.3.31	100,000	1,200,000
		小計	1,200,000
		消費税	108,000
		合計	4～9月　648,000 10～3月　660,000

※　消費税は9月までは旧税率8%、10月以降は新税率10%にて計算しています。

2019年4月～9月
⇒8%（旧税率）
2019年10月～
2020年3月
⇒10%（新税率）

・9月までの対価の額と
・10月以降の対価の額を
区分する必要があります。

（出典）　国税庁 Q&A 個別事例編問 117 を基に筆者作成

6 帳簿記載の方法

❶ 帳簿の記載事項

　区分記載請求書等保存方式における帳簿の記載事項は以下のとおりである（平 28 改正法附則 34②）。

　　ア．相手方の氏名又は名称

　　イ．課税仕入れを行った年月日

　　ウ．課税仕入れに係る資産又は役務の内容**（軽減税率対象品目の場合、その内容及びその旨）⇒カッコ内が新たに加わった記載事項**

　　エ．課税仕入れに係る支払対価の額

　請求書等と異なり、帳簿の場合は「税率の異なるごとに合計した税込み金額」の記載は不要ということになる。

❷ 帳簿と請求書等との関係

　区分記載請求書等保存方式の下において、仕入先からの請求書の内容をどのように帳簿に記載することになるのであろうか。以下の事例に基づきみていくこととする（国税庁編「消費税の軽減税率制度に対応した経理・申告ガイド」（令和元年 6 月）2 頁を基に作成）。

＜事例＞

● 飲食店を経営する事業者は、精肉店から牛肉等（軽減税率対象）及び割り箸等（標準税率対象）を購入した。

● その請求書は以下のとおりである。

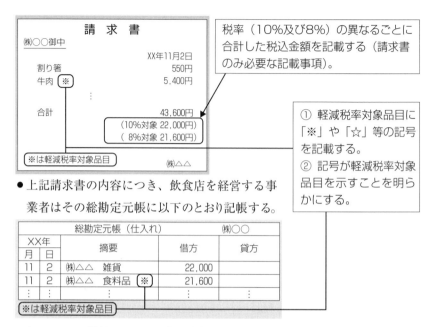

ところで、帳簿における「軽減税率対象品目の場合、その内容及びその旨」の記載方法は、上記事例は一例に過ぎず、他にも税率区分欄を設けて「8%」と記載する方法や、税率コードを記載する方法も考えられる（Q&A個別事例編問120）。

ア．税率区分欄を設ける方法

総勘定元帳に税率区分を設ける方法として、以下のような記載例が考えられる。

総勘定元帳（仕入れ）					㈱○△
2019年		摘要	税率区分	借方	貸方
月	日				
12	1	△□㈱　雑貨	10%	22,000	
12	2	△□㈱　食料品	8%	21,600	

イ．税率コードを記載する方法

また、総勘定元帳に税率コード[4]を記載する方法として、以下のような記

載例が考えられる。

総勘定元帳（仕入れ）					㈱○△
2019年		摘要	税率コード	借方	貸方
月	日				
12	1	△□㈱　雑貨	01	22,000	
12	2	△□㈱　食料品	02	21,600	

(注) 税率コード：01（標準税率10％）、02（軽減税率8％）、03（旧標準税率8％）等

なお、上記において、軽減税率8％と旧標準税率8％（国税6.3％、地方消費税1.7％）とで税率コードを分けるのは、同じ税率でも国税部分と地方消費税部分の内訳が異なるからである（第1章8❶参照）。

さらに、月ごとなど一定期間をまとめた請求書の交付を受けた場合の帳簿の記載例としては、以下のようなものがある（Q&A 個別事例編問120）。

図表2−19 ●一定期間をまとめた請求書の交付を受けた場合の帳簿の記載例

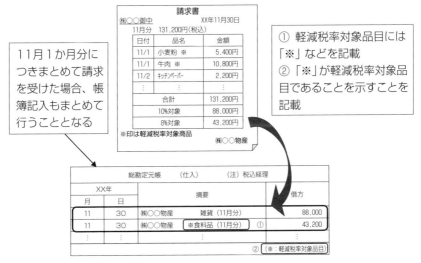

(出典) 国税庁 Q&A 個別事例編問120 を基に筆者作成

---

[4] 請求書と異なり、帳簿の場合外部の取引相手等に交付するものではないので、税率コードを別の分かりやすい表示方法に変換する必要はないものと考えられる。

❸ 区分経理の方法

　区分記載請求書等保存方式の下において、仕入れ及び売上に係る請求書等からの帳簿書類の作成の手順は概ね以下の図のとおりとなる（国税庁編「消費税の軽減税率制度に対応した経理・申告ガイド」（令和元年6月）3頁を基に作成）。

- 事業者名：霞が関商事㈱
- 消費税の経理方法：税込み方式
- 課税期間：平成31年1月1日～令和元年12月31日

＜売上に係る記帳＞

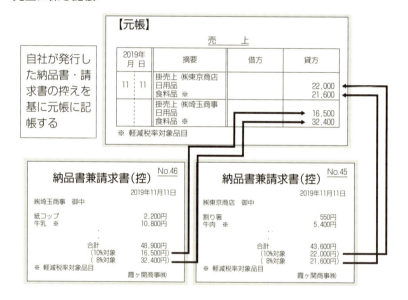

6 帳簿記載の方法

<仕入れに係る記帳>

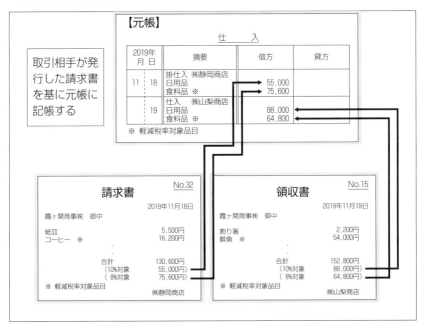

第3章

適格請求書発行事業者登録の実務

登録制度の概要

　既に第1章で説明したとおり、令和5（2023）年10月1日からインボイス制度である適格請求書等保存方式が導入される予定である（新消法30⑨、57の2、57の4）。当該制度の下では、仕入税額控除の要件として、基本的に適格請求書発行事業者が発行しそこから交付を受けた適格請求書の保存が必要となってくる。

　それでは、適格請求書発行事業者とは何か、また、どうしたら適格請求書発行事業者になれるのであろうか。適格請求書発行事業者とは、課税事業者のうち、「適格請求書発行事業者の登録申請書」を所轄税務署長（納税地を所轄する税務署長）に提出し、適格請求書発行事業者として登録された事業者をいう（新消法2①七の二、57の2①②）。

　税務署長は、登録拒否要件に該当しない場合には、提出された登録申請書に基づき、適格請求書発行事業者登録簿に事業者の氏名又は名称、登録番号、登録年月日等の法定登載事項を登載し、登録を行う（新消法57の2①②④、新消令70の5①）。その際には、登録を受けた事業者に対し、その旨を書面で通知することとなる（新消法57の2⑦）。

　なお、上記登録申請書は、適格請求書等保存方式が導入される令和5（2023）年10月1日の2年前にあたる、令和3（2021）年10月1日から提出することができる（平28改正法附則1八、44①）[1]。また、適格請求書等保存方式が導入される令和5（2023）年10月1日時点において適格請求書発行事業者となるためには、その6か月前である令和5（2023）年3月31日までに登録申請書を提出する必要がある（平28改正法附則44①但書）。

　適格請求書発行事業者登録のフローを確認すると、概ね次頁の図のとおり

---

[1] 「適格請求書発行事業者の登録申請書」は令和3年夏の時点で既に国税庁のHPで公開されていたが、その様式には、「令和3年9月30日までは提出できません」旨が明記されていた。

となる。

図表3-1 ●適格請求書発行事業者登録のフロー

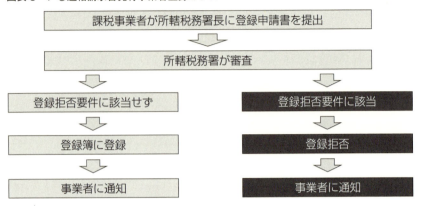

また、「適格請求書発行事業者の登録申請書（国内事業者用）」（令和3年10月1日から令和5年9月30日までの間に提出する免税事業者の場合）の記載例（同時に「消費税課税事業者選択届出書」を提出する場合）は次頁のとおりである（後述❹❷も参照のこと）。

第1−(1)号様式

【国内事業者用】

適格請求書発行事業者の登録申請書

【1／2】

収受印			
令和 5 年 8 月 1 日	申請者	（フリガナ） トシマクヒガシイケブクロ	
		住所又は居所 （法人の場合） 本店又は 主たる事務所 の所在地	（〒170 − 0013） （法人の場合のみ公表されます） 豊島区東池袋 1-2-3 （電話番号 03 − 6000 − ××××）
		（フリガナ）	
		納税地	（〒 − ） 同上 （電話番号 − − ）
		（フリガナ） トシマショウジカブシキカイシャ	
		氏名又は名称	豊島商事株式会社
		（フリガナ） サトウ イチロウ	
豊島 税務署長殿		（法人の場合） 代表者氏名	佐藤 一郎
		法 人 番 号	1 2 3 4 5 6 7 8 9 0 1 2 3

この申請書に記載した次の事項（● 印欄）は、適格請求書発行事業者登録簿に登載されるとともに、国税庁ホームページで公表されます。
1 申請者の氏名又は名称
2 法人（人格のない社団等を除く。）にあっては、本店又は主たる事務所の所在地
　なお、上記1及び2のほか、登録番号及び登録年月日が公表されます。
また、常用漢字等を使用して公表しますので、申請書に記載した文字と公表される文字が異なる場合があります。

下記のとおり、適格請求書発行事業者としての登録を受けたいので、所得税法等の一部を改正する法律（平成28年法律第15号）第5条の規定による改正後の消費税法第57条の2第2項の規定により申請します。
　※ 当該申請書は、所得税法等の一部を改正する法律（平成28年法律第15号）附則第44条第1項の規定により令和5年9月30日以前に提出するものです。

令和5年3月31日（特定期間の判定により課税事業者となる場合は令和5年6月30日）までにこの申請書を提出した場合は、原則として令和5年10月1日に登録されます。

事 業 者 区 分	この申請書を提出する時点において、該当する事業者の区分に応じ、□にレ印を付けてください。
	□ 課税事業者 　　✓ 免税事業者
	※ 次葉「登録要件の確認」欄を記載してください。また、免税事業者に該当する場合には、次葉「免税事業者の確認」欄も記載してください（詳しくは記載要領等をご確認ください。）。

令和5年3月31日（特定期間の判定により課税事業者となる場合は令和5年6月30日）までにこの申請書を提出することができなかったことにつき困難な事情がある場合は、その困難な事情	

税 理 士 署 名	田中 次郎 （電話番号 03 − 5555 − ××××）

※税務署処理欄	整理番号		部門番号		申請年月日	年 月 日	通信日付印 年 月 日	確認
	入力処理	年 月 日	番号確認		身元確認	□ 済 □ 未済	確認書類 個人番号カード／通知カード・運転免許証 その他（ ）	
	登録番号	T						

注意　1　記載要領等に留意の上、記載してください。
　　　2　税務署処理欄は、記載しないでください。
　　　3　この申請書を提出するときは、「適格請求書発行事業者の登録申請書（次葉）」を併せて提出してください。

この申請書は、令和三年十月一日から令和五年九月三十日までの間に提出する場合に使用します。

第3章　適格請求書発行事業者登録の実務

第1－(1)号様式次葉

国内事業者用

適格請求書発行事業者の登録申請書（次葉）

【2／2】

氏 名 又 は 名 称	豊島商事株式会社

該当する事業者の区分に応じ、□にレ印を付し記載してください。

免税事業者の確認	□	令和5年10月1日の属する課税期間中に登録を受け、所得税法等の一部を改正する法律（平成28年法律第15号）附則第44条第4項の規定の適用を受けようとする事業者 ※　登録開始日から納税義務の免除の規定の適用を受けないこととなります。			

この申請書は、令和三年十月一日から令和五年九月三十日までの間に提出する場合に使用します。

免 税 事 業 者 の 確 認	事 業 内 容 等	個 人 番 号		法 人 の み 記 載	事 業 年 度	自　　　月　　　日 至　　　月　　　日
		生 年 月 日（個人）又 は 設 立 年 月 日（法 人）	1明治・2大正・3昭和・4平成・5令和 　　年　　月　　日		資 本 金	円
		事 業 内 容				

	☑	消費税課税事業者（選択）届出書を提出し、納税義務の免除の規定の適用を受けないこととなる課税期間の初日から登録を受けようとする事業者	課 税 期 間 の 初 日 ※　令和5年10月1日から令和6年3月31日までの間のいずれかの日 令和　**6**年　**1**月　**1**日

登 録 要 件 の 確 認	課税事業者です。 ※　この申請書を提出する時点において、免税事業者であっても、「免税事業者の確認」欄のいずれかの事業者に該当する場合は、「はい」を選択してください。	☑ はい　□ いいえ
	消費税法に違反して罰金以上の刑に処せられたことはありません。 （「いいえ」の場合は、次の質問にも答えてください。）	☑ はい　□ いいえ
	その執行を終わり、又は執行を受けることがなくなった日から2年を経過しています。	□ はい　□ いいえ

参 考 事 項	

1 登録制度の概要

第1号様式

消費税課税事業者選択届出書

収受印

令和 5 年 8 月 1 日	届 出 者	（フリガナ）	トウキョウトトシマクヒガシイケブクロ
		納 税 地	（〒 170 － 0013 ） 東京都豊島区東池袋 1-2-3 （電話番号　03 － 6000 － ×××× ）
		（フリガナ）	
		住所又は居所 （法人の場合） 本 店 又 は 主 た る 事 務 所 の 所 在 地	（〒 　 － 　 ） （電話番号　 － － ）
		（フリガナ）	トシマショウジカブシキカイシャ
		名称（屋号）	豊島商事株式会社
		個 人 番 号 又 は 法 人 番 号	↓ 個人番号の記載に当たっては、左端を空欄とし、ここから記載してください。 1 2 3 4 5 6 7 8 9 0 1 2 3
		（フリガナ）	サトウ イチロウ
		氏 名 （法人の場合） 代 表 者 氏 名	佐藤 一郎
豊島 税務署長殿		（フリガナ）	トシマクミナミイケブクロ
		（法人の場合） 代表者住所	豊島区南池袋 5-6-7 （電話番号　03 － 7000 － ×××× ）

　下記のとおり、納税義務の免除の規定の適用を受けないことについて、消費税法第9条第4項の規定により届出します。

適用開始課税期間	自 ○平成 ◎令和 6 年 1 月 1 日 至 ○平成 ◎令和 6 年 12 月 31 日		
上 記 期 間 の	自 ○平成 ◎令和 4 年 1 月 1 日	左記期間の 総売上高	8,789,132 円
基 準 期 間	至 ○平成 ◎令和 4 年 12 月 31 日	左記期間の 課税売上高	8,789,001 円

事業内容等	生年月日（個人）又は設立年月日（法人）	1明治・2大正・3昭和・4平成・5令和 ○　　○　　○　　◎　　○ 22 年 1 月 1 日	法人のみ記載	事業年度	自1月1日 至12月31日
				資 本 金	6,000,000 円
	事 業 内 容	雑貨卸売買	届出区分	事業開始・設立・相続・合併・分割・特別会計・その他 ○　　○　　○　　○　　○　　○　　◎	

参考事項		税理士署名	田中次郎 （電話番号　03 － 5555 － ×××× ）

※税務署処理欄	整理番号		部門番号					
	届出年月日	年 月 日	入力処理	年 月 日	台帳整理	年 月 日		
	通信日付印 年 月 日	確認	番号確認	身元確認	□ 済 □ 未済	確認書類	個人番号カード／通知カード・運転免許証 その他（ 　 ）	

注意　1．裏面の記載要領等に留意の上、記載してください。
　　　2．税務署処理欄は、記載しないでください。

第3章　適格請求書発行事業者登録の実務

2　登録制度の内容

❶ 登録対象事業者

適格請求書発行事業者登録制度の対象者は、課税事業者である（新消法57の2①）。

課税事業者ではない免税事業者は、その地位を維持したまま適格請求書発行事業者の登録はできないことから、その登録を行うためには、まず消費税課税事業者選択届出書を提出し、課税事業者となる必要がある。

なお、免税事業者が登録を受ける場合には、登録を受けようとする課税期間の初日の1か月前までに登録申請書を提出する必要がある（新消法57の2②、新消令70の2、インボイス通達2-1）。

❷ 法定登載事項

適格請求書発行事業者登録簿に登載される法定登載事項は以下のとおりである（新消令70の5①）。

ア．適格請求書発行事業者の氏名又は名称及び登録番号

イ．登録年月日

ウ．法人（人格なき社団等を除く）については本店又は主たる事務所の所在地

エ．特定国外事業者（国内において行う資産の譲渡等に係る事務所、事業所その他これらに準ずるものを国内に有しない国外事業者をいう）以外の国外事業者については、国内において行う資産の譲渡等に係る事務所、事業所その他これらに準ずるものの所在地

なお、適格請求書発行事業者の登録内容は、税務署単位で公表されることとなる（新消法57の2④）。

2 登録制度の内容

❸ 登録の拒否

　登録を受けようとする事業者が、消費税法の規定に違反して罰金以上の刑に処せられ、その執行が終わり、又は執行を受けることがなくなった日から2年を経過していない場合には、税務署長はその登録を拒否することができる（新消法57の2⑤）。

❹ 登録取消しの請求

　適格請求書発行事業者は、その納税地を所轄する税務署長に「適格請求書発行事業者の登録の取消しを求める旨の届出書（登録取消届出書）」を提出することにより、適格請求書発行事業者ではなくなることができる（新消法57の2⑩一）。その場合、原則として、上記届出書の提出があった日の属する課税期間の翌課税期間の初日から適格請求書発行事業者ではなくなる（新消法57の2⑩一）。

　ただし、上記登録取消届出書を、その提出があった日の属する課税期間の末日から起算して30日前の日からその課税期間の末日までの間に提出した場合には、その提出があった日の属する課税期間の翌々課税期間の初日から適格請求書発行事業者ではなくなるので、注意を要する。

　なお、令和5年税制改正に伴う実務対応については、序章❸参照のこと。

　上記の適用関係を図示すると次頁のとおりとなる。

121

図表3-2 ●適格請求書発行事業者である法人(3月決算)が令和7(2025)年1月15日に登録取消届出書を提出した場合

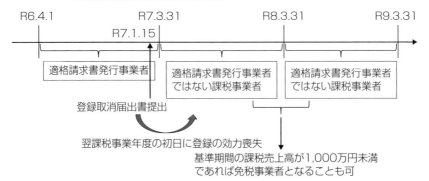

図表3-3 ●適格請求書発行事業者である法人(3月決算)が令和7(2025)年3月15日に登録取消届出書を提出した場合

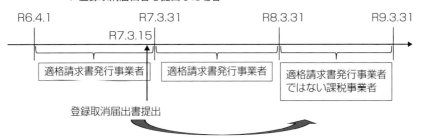

提出があった日の属する課税期間の末日から起算して30日前の日からその課税期間の末日までの間に提出した場合、翌々課税事業年度の初日に登録の効力喪失（一期遅れる）

　なお、「適格請求書発行事業者の登録の取消しを求める旨の届出書（登録取消届出書）」の記載例を示すと、次頁のとおりとなる。

2 登録制度の内容

第3号様式

適格請求書発行事業者の登録の取消しを求める旨の届出書

収受印			
令和 7 年 1 月 15 日	届 出 者	（フリガナ）	トシマクヒガシイケブクロ
		納 税 地	（〒170－0013） 豊島区東池袋 1-2-3 （電話番号　03－6000－××××）
		（フリガナ）	トシマショウジカブシキカイシャ
		氏 名 又 は 名 称 及 び 代 表 者 氏 名	豊島商事株式会社
豊島 税務署長殿		法 人 番 号	※ 個人の方は個人番号の記載は不要です。 1 2 3 4 5 6 7 8 9 0 1 2 3
		登 録 番 号 T	1 2 3 4 5 6 7 8 9 0 1 2 3

　下記のとおり、適格請求書発行事業者の登録の取消しを求めますので、消費税法第57条の2第10項第1号の規定により届出します。

登 録 の 効 力 を 失 う 日	令和 7 年 4 月 1 日
	※ 登録の効力を失う日は、届出書を提出した日の属する課税期間の翌課税期間の初日となります。 　ただし、この届出書を提出した日の属する課税期間の末日から起算して30日前の日から当該課税期間の末日までの間に提出した場合は、翌々課税期間の初日となります。 　登録の効力を失った旨及びその年月日は、国税庁ホームページで公表されます。
適格請求書発行事業者 の 登 録 を 受 け た 日	令和 6 年 4 月 1 日
参 考 事 項	
税 理 士 署 名	田中 次郎 （電話番号　03－5555－××××）

※ 税務署処理欄	整 理 番 号		部 門 番 号		通 信 日 付 印 年　　月　　日	確認	
	届出年月日	年　月　日	入 力 処 理	年　月　日	番 号 確 認		

注意　1　記載要領等に留意の上、記載してください。
　　　2　税務署処理欄は、記載しないでください。

123

第 3 章　適格請求書発行事業者登録の実務

❺ 登録取消届出書を提出した場合以外の登録取消し

　上記❹で示した登録取消届出書の提出を行った場合のほか、以下の場合には適格請求書発行事業者ではなくなることとなる（自動的な登録取消し）。これらの場合、登録取消届出書の提出は不要であるが、別途一定の届出書の提出が必要となる。

ア．適格請求書発行事業者が事業を廃止した場合

　事業を廃止した日の翌日に適格請求書発行事業者ではなくなる（失効する、新消法 57 の 2⑩二）。ただし、適格請求書発行事業者が「事業廃止届出書」を提出した場合に限る（インボイス通達 2-8）。

　この場合の「事業廃止届出書」の記載例は次頁のとおりである。

124

2 登録制度の内容

第6号様式

事 業 廃 止 届 出 書

収受印

令和 6 年 3 月 31日	届出者	（フリガナ）	トシマクヒガシイケブクロ
		納税地	（〒170－0013） 豊島区東池袋 1-2-3 （電話番号　03－6000－××××）
		（フリガナ）	トシマショウジカブシキガイシャ
		氏名又は 名称及び 代表者氏名	豊島商事株式会社 代表取締役 佐藤 一郎
豊島 税務署長殿		個人番号 又は 法人番号	↓ 個人番号の記載に当たっては、左端を空欄とし、ここから記載してください。 0 1 2 3 4 5 6 7 8 9 0 1 2

下記のとおり、事業を廃止したので、消費税法第57条第1項第3号の規定により届出します。

事 業 廃 止 年 月 日	令和　6 年　3 月　31日
納税義務者と なった年月日	(平成) 令和　22年　4 月　1 日
参 考 事 項	
税 理 士 署 名	田中 次郎 （電話番号　03－5555－××××）

※税務署処理欄	整理番号		部門番号				
	届出年月日	年　月　日	入力処理	年　月　日	台帳整理	年　月　日
	番号 確認	身元 □ 済 確認 □ 未済	確認 書類	個人番号カード／通知カード・運転免許証 その他（　　　　　　）			

注意　1. 裏面の記載要領等に留意の上、記載してください。
　　　2. 税務署処理欄は、記載しないでください。

イ．適格請求書発行事業者である法人が合併により消滅した場合

　法人が合併により消滅した日に適格請求書発行事業者ではなくなる。ただし、法人が「合併による法人の消滅届出書」を提出した場合に限る（インボイス通達2−7）。

　この場合の「合併による法人の消滅届出書」の記載例は次頁のとおりである。

2 登録制度の内容

第8号様式

合併による法人の消滅届出書

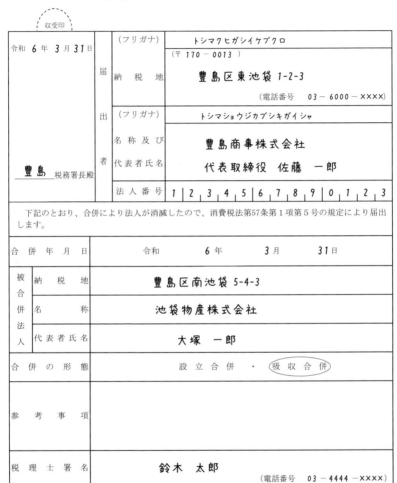

127

第3章　適格請求書発行事業者登録の実務

❻ 税務署長による登録の取消し

　税務署長は、以下の場合において、適格請求書発行事業者の登録を取り消すことができる（新消法57の2⑥、インボイスQ&A問17）。

ア．1年以上所在不明であること

イ．事業を廃止したと認められること（前記❺ア参照）

ウ．法人が合併により消滅したと認められること（前記❺イ参照）

エ．納税管理人を定めなければならない事業者が、納税管理人の届出をしていないこと

オ．消費税法の規定に違反して罰金以上の刑に処せられたこと

カ．登録拒否要件に関する事項について、虚偽の記載をした申請書を提出し、登録を受けたこと

❼ 登録の効力

　適格請求書発行事業者の登録の効力は、通知の日にかかわらず、適格請求書発行事業者登録簿に登載された日（登録日）に発生する。そのため、登録日以降の取引については、相手方（課税事業者に限る）の求めに応じ、適格請求書の交付義務が生じる（インボイス通達2-4、インボイスQ&A問5）。

　そのため、登録日から登録の通知を受けた日までの間に行った課税資産の譲渡等について、既に請求書等の書類（登録番号等の情報は空欄）を交付している場合には、当該通知を受けた日以後に登録番号等を相手方に書面等（既に交付した書類との相互の関連が明確であり、当該書面等の交付を受ける事業者が同項各号に掲げる事項を適正に認識できるものに限る）で通知することにより、これらの書類等を合わせて適格請求書の記載事項を満たすことが可能となる（インボイス通達2-4注（1））。

　なお、登録申請書は、適格請求書等保存方式が導入される令和5（2023）年10月1日の2年前である令和3（2021）年10月1日から提出することが

128

できることから、令和5（2023）年10月1日より前に登録の通知を受ける
ケースもあり得る。しかし、その場合であっても、登録日は適格請求書等保
存方式の導入日である令和5（2023）年10月1日となるため、注意を要す
る（インボイスQ&A問5（参考））。

❽ 登録申請書の提出期限

　前述のとおり、登録申請書は、適格請求書等保存方式が導入される令和5
（2023）年10月1日の2年前にあたる、令和3（2021）年10月1日から提
出することができる（平28改正法附則1八、44①）。

　また、適格請求書等保存方式が導入される令和5（2023）年10月1日に
おいて確実に適格請求書発行事業者の地位を得るためには、導入の6か月前
である令和5（2023）年3月31日までに、登録申請書を提出する必要があ
る（平28改正法附則44①、インボイスQ&A問7）。

　ただし、上記提出期限である令和5（2023）年3月31日まで[2]に登録申請
書を提出できなかったことにつき「困難な事情」がある場合において、令和
5（2023）年9月30日（適格請求書等保存方式導入前日）までの間に登録申
請書にその困難な事情を記載して提出し、適格請求書発行事業者の登録を受
けたときには、令和5（2023）年10月1日に登録を受けたものとみなされ
る（平30改正令附則15）。

　この場合の「困難な事情」については、仕入税額控除の関する特例の場合
（軽減通達21）のように、その困難な事情や度合いを問わないこととされて
いる（インボイス通達5-2）。

---

[2] 特定期間の課税売上高又は給与等支払額の合計額が1,000万円を超えたことにより課税事業者
となる場合（消法9の2①）には、令和5（2023）年6月30日までとなる（平28改正法附
則44①、平30改正令附則15）。

上記提出期限に関する日程を図で示すと以下のとおりとなる。

図表3-4 ●登録申請書の提出期限

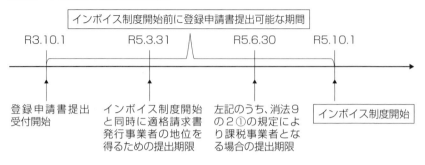

❾ 課税事業者である新設法人の特例

　新設法人は基準期間がないが、その資本金等の金額が1,000万円以上である場合には、設立初年度から課税事業者となる（消法12の2①）。

　そのような課税事業者である新設法人については、新設法人等の登録時期の特例の適用を受けることができる。すなわち、当該新設法人は、事業を開始した課税期間の末日までに、事業を開始した日の属する課税期間の初日から登録を受けようとする旨を記載した登録申請書を提出することで、その課税期間の初日に登録を受けたものとみなされる（新消令70の4、新消規26の4一、インボイス通達2-2）。

　これを図で示すと次頁のとおりとなる。

図表3-5 ●課税事業者である新設法人の登録時期の特例

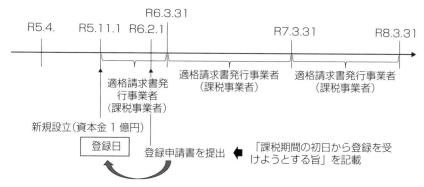

事業開始した課税期間の初日に遡及して登録を受けたものとみなされる

　免税事業者に係る当該特例については、後述❹❹参照。
　また、この場合の「適格請求書等発行事業者の登録申請書」の記載例は次頁のとおりである。

第3章　適格請求書発行事業者登録の実務

第1-(3)号様式

【国内事業者用】

適格請求書発行事業者の登録申請書

【1／2】

収受印			
令和 6 年 2 月 1日	（フリガナ）	トシマク ヒガシイケブクロ	
	住所又は居所 （法人の場合） 本店又は 主たる事務所 の所在地	（〒170-0013） （法人の場合のみ公表されます） 豊島区東池袋 1-2-3 （電話番号　03-6000-××××）	

この申請書は、令和五年十月一日から令和六年九月三十日までの間に提出する場合に使用します。

申請者	（フリガナ）	（〒　-　）	
	納税地	同上 （電話番号　-　-　）	
	（フリガナ）	トシマショウジカブシキガイシャ	
	氏名又は名称	豊島商事株式会社	
	（フリガナ）	サトウ イチロウ	
	（法人の場合） 代表者氏名	佐藤　一郎	

豊島 税務署長殿	法 人 番 号	1 2 3 4 5 6 7 8 9 0 1 2 3

この申請書に記載した次の事項（●印欄）は、適格請求書発行事業者登録簿に登載されるとともに、国税庁ホームページで公表されます。
1　申請者の氏名又は名称
2　法人（人格のない社団等を除く。）にあっては、本店又は主たる事務所の所在地
　なお、上記1及び2のほか、登録番号及び登録年月日が公表されます。
　また、常用漢字等を使用して公表しますので、申請書に記載した文字と公表される文字とが異なる場合があります。

　下記のとおり、適格請求書発行事業者としての登録を受けたいので、消費税法第57条の2第2項の規定により申請します。

事業者区分	この申請書を提出する時点において、該当する事業者の区分に応じ、□にレ印を付してください。 ※　次葉「登録要件の確認」欄を記載してください。また、免税事業者に該当する場合には、次葉「免税事業者の確認」欄も記載してください（詳しくは記載要領等をご確認ください。）。		
	□　課税事業者（新たに事業を開始した個人事業者又は新たに設立された法人等を除く。）		
	□　免税事業者（新たに事業を開始した個人事業者又は新たに設立された法人等を除く。）		
	☑　新たに事業を開始した個人事業者又は新たに設立された法人等		
	☑　事業を開始した日の属する課税期間の初日から登録を受けようとする事業者 ※　課税期間の初日が令和5年9月30日以前の場合の登録年月日は、令和5年10月1日となります。	課税期間の初日 令和 5 年 11 月 1 日	
	□　上記以外の課税事業者		
	□　上記以外の免税事業者		

税理士署名	田中　次郎	（電話番号　03-5555-××××）

※税務署処理欄	整理番号		部門番号		申請年月日	年　月　日	通信日付印 年　月　日	確認	
	入力処理	年　月　日	番号確認		身元確認	□ 済 □ 未済	確認書類	個人番号カード／通知カード・運転免許証 その他（　　）	
	登録番号 T								

注意　1　記載要領等に留意の上、記載してください。
　　　2　税務署処理欄は、記載しないでください。
　　　3　この申請書を提出するときは、「適格請求書発行事業者の登録申請書（次葉）」を併せて提出してください。

132

第1-(3)号様式次葉

2 登録制度の内容

国内事業者用

適格請求書発行事業者の登録申請書（次葉）

【2／2】

氏 名 又 は 名 称	豊島商事株式会社

該当する事業者の区分に応じ、□にレ印を付し記載してください。

免税事業者の確認	□	令和5年10月1日の属する課税期間中に登録を受け、所得税法等の一部を改正する法律（平成28年法律第15号）附則第44条第4項の規定の適用を受けようとする事業者 ※ 登録開始日から納税義務の免除の規定の適用を受けないこととなります。					

	個 人 番 号							
事業内容等	生 年 月 日（個人）又は設立年月日（法人）	1明治・2大正・3昭和・4平成・5令和 　　　年　　　月　　　日		法人のみ記載	事 業 年 度	自　　月　　日 至　　月　　日	
					資 本 金	円	
	事 業 内 容						

	□	消費税課税事業者（選択）届出書を提出し、納税義務の免除の規定の適用を受けないこととなる翌課税期間の初日から登録を受けようとする事業者 ※ この場合、翌課税期間の初日の前日から起算して1月前の日までにこの申請書を提出する必要があります。	翌課税期間の初日	令和　　年　　月　　日

	□	上記以外の免税事業者		

登録要件の確認	課税事業者です。 ※ この申請書を提出する時点において、免税事業者であっても、「免税事業者の確認」欄のいずれかの事業者に該当する場合は、「はい」を選択してください。	☑ はい　□ いいえ
	消費税法に違反して罰金以上の刑に処せられたことはありません。 （「いいえ」の場合は、次の質問にも答えてください。）	☑ はい　□ いいえ
	その執行を終わり、又は執行を受けることがなくなった日から2年を経過しています。	□ はい　□ いいえ

相続による事業承継の確認	相続により適格請求書発行事業者の事業を承継しました。 （「はい」の場合は、以下の事項を記載してください。）			□ はい　□ いいえ	
	適格請求書発行事業者の死亡届出書	提出年月日	令和　年　月　日	提出先税務署	税務署
	被相続人	死 亡 年 月 日	令和　　　年　　　月　　　日		
		（フリガナ） 納 税 地	（〒　　－　　）		
		（フリガナ） 氏 名			
		登 録 番 号 T			

参考事項	

この申請書は、令和五年十月一日から令和六年九月三十日までの間に提出する場合に使用します。

133

第3章　適格請求書発行事業者登録の実務

❿ 登録番号の構成

　適格請求書発行事業者の登録番号の構成は以下のとおりである（インボイス通達2-3、インボイスQ&A問19）。

ア．法人番号を有する課税事業者

　「T」＋法人番号（数字13桁）

イ．個人事業者、人格のない社団等

　「T」＋数字13桁（マイナンバーは<u>用いず</u>、法人番号とも重複しない事業者ごとの番号が付される）

　（例）T 1234567890123、T－1234567890123

⓫ オンラインによる登録手続

　現在、政府は行政手続きのオンライン化・電子化に注力しており、税務申告手続のオンライン化も着々と進められている。適格請求書発行事業者の登録に関する手続も、2021年10月以降、e-Taxによる申請が可能で、電子証明書があれば、パソコン、スマホ及びタブレット端末で手続を行うことが可能である。e-Taxによる適格請求書発行事業者の登録手続の方法を図で示すと、次頁のとおりとなる。

2 登録制度の内容

図表 3−6 ●e-Tax による適格請求書発行事業者の登録手続

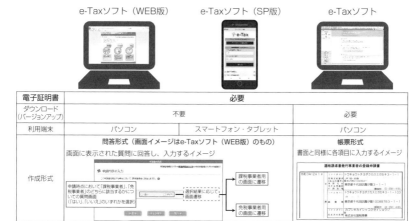

(出典) 国税庁「登録申請手続における e-Tax の概要」

第 3 章　適格請求書発行事業者登録の実務

3　登録事業者の公表

❶ 登録事業者公表の意義

　適格請求書発行事業者登録簿に登載された適格請求書発行事業者については、下記❷に係る事項につき公表されることとなる。これにより、取引の相手方が「適格請求書」を発行できる適格請求書発行事業者なのかどうかにつき、チェックすることができる。

❷ 登録事業者の公表方法

　適格請求書発行事業者登録簿の登載事項については、インターネットを通じて、国税庁のホームページにおいて公表される予定である（新消法 57 の 2④⑪、新消令 70 の 5②）。

　また、適格請求書発行事業者の登録が取り消された場合や、効力を失った場合には、その年月日が国税庁のホームページにおいて公表される（インボイス Q&A 問 20）。

　上記に係る具体的な公表事項は以下のとおりである。

　ア．適格請求書発行事業者の氏名又は名称及び登録番号

　イ．登録年月日

　ウ．登録取消年月日、登録失効年月日

　エ．法人（人格のない社団等を除く）については、本店又は主たる事務所の所在地

　オ．特定国外事業者[3] 以外の国外事業者については、国内において行う資産の譲渡等に係る事務所、事業所その他これらに準ずるものの所在地

---

[3] 国内において行う資産の譲渡等に係る事務所、事業所その他これらに準ずるものを国内に有しない国外事業者をいう。

さらに、上記事項以外に、「適格請求書発行事業者の公表事項の公表（変更）申出書」において主たる屋号や主たる事務所の所在地について、公表の申出のあった個人事業者にあっては、これらの事項も公表されることとなる。「適格請求書発行事業者の公表事項の公表（変更）申出書」の記載例は次頁のとおりである。

❸ 公表事項の閲覧方法

上記❷で触れたとおり、適格請求書発行事業者登録簿の登載事項については、インターネットを通じて、国税庁のホームページ（適格請求書発行事業者公表サイト）において公表される。その際、登録番号を基に検索することで、事業者の適格請求書発行事業者登録の有無や内容を確認することができる。公表サイトの検索イメージは以下のとおりである。

図表3-7 ●適格請求書発行事業者公表サイト検索イメージ

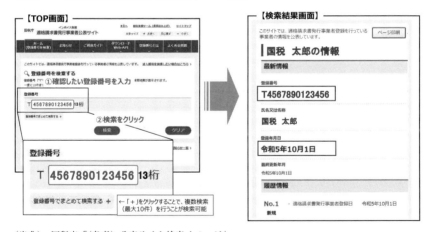

（出典）　国税庁「（参考）公表サイト検索イメージ」

ただし、相手方から交付を受けた請求書等に登録番号が記載されているときに、それを基に国税庁のホームページで検索を行った結果、該当事業者がいないケースもあり得る。その理由は、例えば記載されていた登録番号に誤

第3章　適格請求書発行事業者登録の実務

適格請求書発行事業者の公表事項の公表（変更）申出書

収受印				
令和 5年11月 1日	申出者	（フリガナ）	トシマク ヒガシイケブクロ	
		納　税　地	（〒170 - 0013） 豊島区東池袋 4-3-2 （電話番号　03 - 6000 - ××××）	
		（フリガナ）	ヤマダ ジロウ	
		氏　名　又　は 名　称　及　び 代　表　者　氏　名	山田 次郎	
豊島 税務署長殿		法　人　番　号	※ 個人の方は個人番号の記載は不要です。	
		登　録　番　号	T 1 2 3 4 5 6 7 8 9 0 1 2 3	

国税庁ホームページの公表事項について、下記の事項を追加（変更）し、公表することを希望します。

新たに公表する事項		新たに公表を希望する事項の□にレ印を付し記載してください。		
	個人事業者	☑ 主 た る 屋 号	（フリガナ）　ヤマダ ベーカリー	
		複 数 あ る 場 合 任 意 の 一 つ	山田 ベーカリー	
		□ 主 た る 事 務 所 の 所 在 地 等	（フリガナ）	
		複 数 あ る 場 合 任 意 の 一 箇 所		
		□ 通　称 □ 旧 姓（旧 氏）氏 名	いずれかの□にレ印を付し、通称又は旧姓(旧氏)を使用した氏名を記載してください。	
			□ 氏名に代えて公表	（フリガナ）
		住民票に併記されている 通称又は旧姓(旧氏)に限る	□ 氏名と併記して公表	
	人格のない社団等	□ 本 店 又 は 主 た る 事 務 所 の 所 在 地	（フリガナ）	

変更の内容		既に公表されている上記の事項について、公表内容の変更を希望する場合に記載してください。	
	変　更　年　月　日	令和　　　年　　　月　　　日	
	変　更　事　項	（個人事業者）　　□ 屋号　□ 事務所の所在地等　□ 通称又は旧姓(旧氏)氏名 （人格のない社団等）　　□ 本店又は主たる事務所の所在地	
	変　更　前	（フリガナ）	
	変　更　後	（フリガナ）	

※　常用漢字等を使用して公表しますので、申出書に記載した文字と公表される文字とが異なる場合があります。

参　考　事　項	
税　理　士　署　名	田中 三郎　　（電話番号　03 - 5678 - ××××）

※税務署処理欄	整　理　番　号		部　門　番　号					
	申 出 年 月 日	年　月　日	入 力 処 理	年　月　日	番 号 確 認			

注意　1　記載要領等に留意の上、記載してください。
　　　2　税務署処理欄は、記載しないでください。

138

りがあるケースなど、様々考えられることから、該当事業者がいないケースであっても取引の相手方が適格請求書発行事業者ではないと直ちに判断するのではなく、当該事業者に番号等を再確認することが必要であると考えられる（インボイス Q&A 問 21）。

❹ 国外事業者の登録

　国外の事業者であっても、日本国内に所在する支店等を通じて課税資産の譲渡等を行う課税事業者は、令和 3（2021）年 10 月 1 日以降、適格請求書発行事業者の登録を行うことができる。

　国外事業者（特定国外事業者に該当するものを除く）に係る適格請求書発行事業者登録簿の登載事項は、以下のとおりとなる（新消令 70 の 5①）。

ア．適格請求書発行事業者の氏名又は名称及び登録番号

イ．登録年月日

ウ．法人（人格のない社団等を除く）については、本店又は主たる事務所の所在地

エ．国内において行う資産の譲渡等に係る事務所、事業所その他これらに準ずるものの所在地

なお、国外事業者に係る「適格請求書発行事業者の登録申請書（国外事業者用）」の記載例は次頁のとおりである。

第 3 章　適格請求書発行事業者登録の実務

第 1 - (2) 号様式

国外事業者用

適格請求書発行事業者の登録申請書

【1／3】

収受印				
令和 **3**年**10**月 **1**日				

申請者	国外にある住所又は居所（法人の場合）国外にある本店又は主たる事務所の所在地	日本語（カナ）表記	台北市　信義区11	
		英語表記	● (法人の場合のみ公表されます)　11 xLNYI DIST TSIPEICITY	
			（電話番号 **+ 886** - **2** - **1234** - **5678**）	国番号
	納税地	（フリガナ）	シンジュクク ニシシンジュク	
			（〒 160 - 0013）新宿区西新宿 6-1-1	
			（電話番号 **03** - **6666** - **××××**）	
	氏名又は名称	日本語（カナ）表記 ●	台北商事	
		英語表記 ●	TAIPEI COMMERCE	
		【参考】自国語表記		
	（法人の場合）代表者氏名	日本語（カナ）表記	楊毅	
		英語表記	YANG YI	
新宿 税務署長殿	法 人 番 号		1 2 3 4 5 6 7 8 9 0 1 2 3	

この申請書に記載した次の事項（ ● 印欄）は、適格請求書発行事業者登録簿に登載されるとともに、国税庁ホームページで公表されます。
1　申請者の氏名又は名称
2　法人（人格のない社団等を除く。）にあっては、本店又は主たる事務所の所在地
3　特定国外事業者以外の国外事業者にあっては、国内において行う資産の譲渡等に係る事務所、事業所その他これらに準ずるものの所在地
　なお、上記 1 ～ 3 のほか、登録番号及び登録年月日が公表されます。
　また、常用漢字等を使用して公表しますので、申請書に記載した文字と公表される文字とが異なる場合があります。

　下記のとおり、適格請求書発行事業者としての登録を受けたいので、所得税法等の一部を改正する法律（平成28年法律第15号）第 5 条の規定による改正後の消費税法第57条の 2 第 2 項の規定により申請します。
※　当該申請書は、所得税法等の一部を改正する法律（平成28年法律第15号）附則第44条第 1 項の規定により令和 5 年 9 月30日以前に提出するものです。

　令和 5 年 3 月31日（特定期間の判定により課税事業者となる場合は令和 5 年 6 月30日）までにこの申請書を提出した場合は、原則として令和 5 年10月 1 日に登録されます。

特定国外事業者区分	□ 該当　　　　　　✓ 非該当
	※ 特定国外事業者とは、国内において行う資産の譲渡等に係る事務所、事業所その他これらに準ずるものを国内に有しない国外事業者をいいます。
事 業 者 区 分	この申請書を提出する時点において、該当する事業者の区分に応じ、□にレ印を付けてください。
	✓ 課税事業者　　　　　□ 免税事業者
	※ 次葉 2 「登録要件の確認」欄を記載してください。また、免税事業者に該当する場合には、次葉 1 「免税事業者の確認」欄も記載してください（詳しくは記載要領をご確認ください。）。
令和 5 年 3 月31日（特定期間の判定により課税事業者となる場合は令和 5 年 6 月30日）までにこの申請書を提出することができなかったことにつき困難な事情がある場合は、その困難な事情	
税 理 士 署 名	田中 三郎 （電話番号 **03** - **5556** - **××××**）

※税務署処理欄	整理番号		部門番号		申請年月日	年　月　日	通信日付印 確認	年　月　日
	入力処理	年　月　日	番号確認		身元確認	□ 済 □ 未済	確認書類	個人番号カード／通知カード・運転免許証 その他（　　　）
	登録番号	T						

注意　1　記載要領等に留意の上、記載してください。
　　　2　税務署処理欄は、記載しないでください。
　　　3　この申請書を提出するときは、「適格請求書発行事業者の登録申請書（次葉 1 及び 2 ）」を併せて提出してください。

この申請書は、令和三年十月一日から令和五年九月三十日までの間に提出する場合に使用します。

140

3 登録事業者の公表

第1-(2)号様式次葉1

国外事業者用

適格請求書発行事業者の登録申請書（次葉1）

【2／3】

氏名又は名称	台北商事

この申請書は、令和三年十月一日から令和五年九月三十日までの間に提出する場合に使用します。

該当する事業者の区分に応じ、□にレ印を付し記載してください。

免税事業者の確認	□ 令和5年10月1日の属する課税期間中に登録を受け、所得税法等の一部を改正する法律（平成28年法律第15号）附則第44条第4項の規定の適用を受けようとする事業者 ※ 登録開始日から納税義務の免除の規定の適用を受けないこととなります。			

	個 人 番 号						
事業内容等	生 年 月 日 （ 個 人 ） 又 は 設 立 年 月 日 （ 法 人 ）	1明治・2大正・3昭和・4平成・5令和 年　　月　　日	法 人 の み 記 載	事 業 年 度		自　　月　　日 至　　月　　日	
				資 本 金		円	
	事 業 内 容						

	□ 消費税課税事業者（選択）届出書を提出し、納税義務の免除の規定の適用を受けないこととなる課税期間の初日から登録を受けようとする事業者	課 税 期 間 の 初 日 ※ 令和5年10月1日から令和6年3月31日までの間のいずれかの日 令和　　年　　月　　日

特定国外事業者以外の国外事業者	（ フ リ ガ ナ ） 国内において行う資産の譲渡等に係る事務所、事業所その他これらに準ずるものの所在地	シンジュクク ニシシンジュク （〒 160 - 0013 ） 新宿区西新宿 6-1-1 （電話番号　03 - 6666 - ××××）

特定国外事業者	（ フ リ ガ ナ ） 税 務 代 理 人 の 事 務 所 の 所 在 地	（〒 　 - 　 ） （電話番号　　　 - 　 - 　 ）
	（ フ リ ガ ナ ） 税 務 代 理 人 の 氏 名 等	

添付する資料等	1 全申請者 ☑ 氏名又は名称、国外の住所及び事業内容が確認できる資料 　（例　定款の写し、会社案内、会社のホームページ等） 2 特定国外事業者に該当する申請者 □ 税務代理権限証書 3 その他参考資料 □ 会社のホームページアドレス、メールアドレス □ （　　　　　　　　　　　　　　　　　　　）

141

第３章　適格請求書発行事業者登録の実務

第１−(2)号様式次葉２

国外事業者用

適格請求書発行事業者の登録申請書（次葉２）

【3／3】

| 氏 名 又 は 名 称 | 台北商事 |

登録要件の確認	課税事業者です。 ※　この申請書を提出する時点において、免税事業者であっても、次葉１「免税事業者の確認」欄のいずれかの事業者に該当する場合は、「はい」を選択してください。	☑ はい　□ いいえ	
	消費税法に違反して罰金以上の刑に処せられたことはありません。 （「いいえ」の場合は、次の質問にも答えてください。）	☑ はい　□ いいえ	
	その執行を終わり、又は執行を受けることがなくなった日から２年を経過しています。	□ はい　□ いいえ	
	特定国外事業者に該当します。 　「はい」の場合は、以下の質問にも答えてください。 　「いいえ」の場合は、次葉１「特定国外事業者以外の国外事業者」欄の記載が必要です。	□ はい　☑ いいえ	
	消費税に関する税務代理の権限を有する税務代理人がいます。 （「はい」の場合は、次葉１「特定国外事業者」欄の記載が必要です。）	□ はい　□ いいえ	
	納税管理人を定めています。 　「はい」の場合は、消費税納税管理人届出書の提出日を記載してください。 　消費税納税管理人届出書　（提出日：平成・令和　　年　　月　　日）	□ はい　□ いいえ	
	現在、国税の滞納はありません。	□ はい　□ いいえ	
	適格請求書発行事業者の登録を取り消されたことはありません。 （「いいえ」の場合は、次の質問にも答えてください。）	□ はい　□ いいえ	
	登録を取り消された日から１年を経過しています。 （登録を取り消された日：令和　　年　　月　　日）	□ はい　□ いいえ	
参考事項			

この申請書は、令和三年十月一日から令和五年九月三十日までの間に提出する場合に使用します。

❺ 登録国外事業者制度に係る経過措置

平成27年度の税制改正で、電気通信利用役務の内外判定が変更され、国内事業者が国外事業者から受ける電気通信利用役務の提供については、リバースチャージ方式又は国外事業者申告納税方式によることとなった。

このうち、後者の国外事業者申告納税方式とは、国外事業者が国税庁に登録して登録国外事業者[4]となり、付与された登録番号が記載された請求書等を交付する仕組みで、適格請求書発行事業者の登録制度の先駆けとなった制度であるといえる。

このような登録国外事業者のうち、令和5（2023）年9月1日において既に登録国外事業者となっている者については、消費税法上、令和5（2023）年10月1日に適格請求書発行事業者の登録を受けたものとみなされる（平28改正法附則45①）。また、上記規定の適用を受けた登録国外事業者は、適格請求書発行事業者登録簿の登載事項について、インターネットを通じて、国税庁のホームページにおいて公表されることとなる（平28改正法附則45①②）。

❻ 登録事項の変更

前述の通り、適格請求書発行事業者登録簿の登載事項はインターネットを通じて、国税庁のホームページにおいて公表されることとなるが、既公表事項につきその内容に変更がある場合には、「適格請求書発行事業者登録簿の登載事項変更届出書」により届け出ることとなる。

「適格請求書発行事業者登録簿の登載事項変更届出書」の記載例は次頁のとおりである。

---

[4] 令和5年1月13日現在で、国税庁が公表している「登録国外事業者名簿」に登録されている事業者数は148（うち17事業者は無効）である。

第３章　適格請求書発行事業者登録の実務

第2－(2)号様式

適格請求書発行事業者登録簿の登載事項変更届出書

令和 5 年 11月 1日	届 出 者 豊島 税務署長殿	（フリガナ） （〒170－0013） 納　税　地	トシマク ヒガシイケブクロ 豊島区東池袋 4-2-3 （電話番号 03 － 6000 － ××××）
		（フリガナ） 氏名又は 名称及び 代表者氏名	トシマショウジカブシキカイシャ ダイヒョウトリシマリヤク サトウイチロウ 豊島商事株式会社 代表取締役 佐藤 一郎
		法人番号	※ 個人の方は個人番号の記載は不要です。 1 2 3 4 5 6 7 8 9 0 1 2 3
		登録番号 T	1 2 3 4 5 6 7 8 9 0 1 2 3

　下記のとおり、適格請求書発行事業者登録簿に登載された事項に変更があったので、消費税法第57条の2
第8項の規定により届出します。

変 更 の 内 容	変 更 年 月 日	令和　　5 年　　11月　　1日
	変 更 事 項	☐　氏名又は名称 ☑　法人（人格のない社団等を除く。）にあっては、本店又は主たる事務所の所在地 ☐　国外事業者にあっては、国内において行う資産の譲渡等に係る事務所、事業所その他これらに準ずるものの所在地 ※　当該事務所等を国内に有しないこととなる場合は、次葉も提出してください。
	変 更 前	（フリガナ）　トシマク ヒガシイケブクロ 豊島区東池袋 1-2-3
	変 更 後	（フリガナ）　トシマク ヒガシイケブクロ 豊島区東池袋 4-2-3
	※　変更後の内容については、国税庁ホームページで公表されます。 　なお、常用漢字等を使用して公表しますので、届出書に記載した文字と公表される文字とが異なる場合があります。	
参 考 事 項		
税 理 士 署 名	田中　次郎	（電話番号　03 － 5555 － ××××）

※税務署処理欄	整 理 番 号		部 門 番 号			
	届出年月日	年　　月　　日	入力処理	年　　月　　日	番 号 確 認	

注意　1　記載要領等に留意の上、記載してください。
　　　2　税務署処理欄は、記載しないでください。

この届出書は、令和五年十月一日以後提出する場合に使用します。

144

4 免税事業者と登録制度

❶ 登録後の免税事業者の地位

　免税事業者が適格請求書発行事業者の登録を申請しそれが認められた日（登録日）以後は、その地位は喪失することとなる（インボイス通達2－5）。免税事業者が適格請求書発行事業者になるためには、制度上、まず課税事業者となることが必要となるため（インボイス通達2－1）、当然の取扱いであるといえる。

　したがって、一旦適格請求書発行事業者の登録がなされた日以後に、再び免税事業者の地位を取り戻すためには、事業者免税点制度の適用を受けようとする課税期間の前課税期間の末日から起算して30日前の日の前日までに、「適格請求書発行事業者の登録の取消しを求める場合の届出書（新消法57の2⑩一）」の提出が必要となる（インボイス通達2－5、前掲❷❹参照）。

　また、適格請求書発行事業者の登録の前に課税事業者の選択をしている場合には、さらに「消費税課税事業者の選択不適用届出書」（消法9⑤）の提出が必要となる。

図表3－8　●適格請求書発行事業者の登録後再び免税事業者の地位を取り戻すための手続き

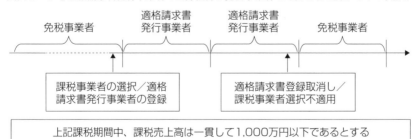

第3章　適格請求書発行事業者登録の実務

　免税事業者が一旦適格請求書発行事業者の登録がなされた後、再び免税事業者となる場合の「適格請求書発行事業者の登録の取消しを求める場合の届出書」及び「消費税課税事業者の選択不適用届出書」の記載例は次頁のとおりとなる。

4 免税事業者と登録制度

第3号様式

適格請求書発行事業者の登録の取消しを求める旨の届出書

収受印			

令和 **8** 年 **2** 月 **1** 日

届 出 者	（ フ リ ガ ナ ）	
	納 税 地	（〒 170 － 0004 ） **豊島区北大塚 1-2-3** （電話番号　**03 － 4444 － ××××**）
	（ フ リ ガ ナ ）	オオツカショウジカブシキカイシャ
	氏 名 又 は 名 称 及 び 代 表 者 氏 名	**大塚商事株式会社** **代表取締役　川口一郎**
	法 人 番 号	※　個人の方は個人番号の記載は不要です。 **1 2 3 4 5 6 7 8 9 0 1 2 3**
	登 録 番 号	T **1 2 3 4 5 6 7 8 9 0 1 2 3**

豊島 税務署長殿

　下記のとおり、適格請求書発行事業者の登録の取消しを求めますので、消費税法第57条の２第10項第１号の規定により届出します。

登録の効力を失う日	令和　**8**　年　**4**　月　**1**　日
	※　登録の効力を失う日は、届出書を提出した日の属する課税期間の翌課税期間の初日となります。 　　ただし、この届出書を提出した日の属する課税期間の末日から起算して30日前の日から当該課税期間の末日までの間に提出した場合は、翌々課税期間の初日となります。 　　登録の効力を失った旨及びその年月日は、国税庁ホームページで公表されます。
適格請求書発行事業者 の 登 録 を 受 け た 日	令和　**6**　年　**4**　月　**1**　日
参　考　事　項	
税 理 士 署 名	**田村　史郎** （電話番号　**03 － 3333 － 4444**）

※ 税務署処理欄	整 理 番 号		部 門 番 号		通 信 日 付 印 　年　　月　　日	確認	
	届出年月日	年　月　日	入 力 処 理	年　月　日	番 号 確 認		

注意　1　記載要領等に留意の上、記載してください。
　　　2　税務署処理欄は、記載しないでください。

147

第3章　適格請求書発行事業者登録の実務

第2号様式

消費税課税事業者選択不適用届出書

収受印

令和 8 年 2 月 1 日	届出者	（フリガナ）	トウキョウトトシマクキタオオツカ
		納　税　地	（〒 170 － 0004 ） 東京都豊島区北大塚 1-2-3 （電話番号　03 － 4444 － ××××）
		（フリガナ）	オオツカショウジカブシキカイシャ
		氏名又は 名称及び 代表者氏名	大塚商事株式会社 代表取締役　川口　一郎
豊島　税務署長殿		個人番号 又は 法人番号	↓ 個人番号の記載に当たっては、左端を空欄とし、ここから記載してください。 1　2　3　4　5　6　7　8　9　0　1　2　3

下記のとおり、課税事業者を選択することをやめたいので、消費税法第9条第5項の規定により届出します。

①	この届出の適用 開始課税期間	自〇平成●令和 8年 4月 1日　至〇平成●令和 9年 3月 31日
②	①の基準期間	自〇平成●令和 6年 4月 1日　至〇平成●令和 7年 3月 31日
③	②の課税売上高	8,856,980円

※　この届出書を提出した場合であっても、特定期間（原則として、①の課税期間の前年の1月1日（法人の場合は前事業年度開始の日）から6か月間）の課税売上高が1千万円を超える場合には、①の課税期間の納税義務は免除されないこととなります。詳しくは、裏面をご覧ください。

課税事業者 となった日	〇平成●令和 6年 4月 1日
事業を廃止した 場合の廃止した日	〇平成●令和 年 月 日
提出要件の確認	課税事業者となった日から2年を経過する日までの間に開始した各課税期間中に調整対象固定資産の課税仕入れを行っていない。　　はい ☑ ※ この届出書を提出した課税期間が、課税事業者となった日から2年を経過する日までに開始した各課税期間である場合、この届出書提出後、届出を行った課税期間中に調整対象固定資産の課税仕入れ等を行うと、原則としてこの届出書の提出はなかったものとみなされます。詳しくは、裏面をご確認ください。
参　考　事　項	
税理士署名	田村　史郎 （電話番号　03 － 3333 － ××××）

※税務署処理欄	整理番号		部門番号					
	届出年月日	年　月　日	入力処理	年　月　日		台帳整理	年　月　日	
	通信日付印 年　月　日	確認	番号 確認	身元 確認	□ 済 □ 未済	確認 書類	個人番号カード／通知カード・運転免許証 その他（　　　　　　）	

注意　1．裏面の記載要領等に留意の上、記載してください。
　　　2．税務署処理欄は、記載しないでください。

148

❷ 免税事業者の特例措置

上記❶で説明したとおり、免税事業者が適格請求書発行事業者になるためには、制度上、まず課税事業者となることが必要となる。しかし、適格請求書発行事業者の登録日が令和5（2023）年10月1日の属する課税期間中である場合には、「消費税課税事業者選択届出書」を提出しなくても、登録を受けることができる（平28改正法附則44④、インボイス通達5-1）。

この経過措置を受ける場合、登録日から課税事業者兼適格請求書発行事業者となるが、登録申請書を令和5（2023）年3月31日までに提出することで、適格請求書等保存方式の開始日である令和5（2023）年10月1日の前日までは免税事業者、同年10月1日からは適格請求書発行事業者（課税事業者）となる。これを図で示すと以下のとおりとなる。

図表3-9 ●免税事業者に係る経過措置

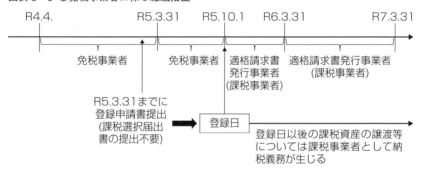

この場合の「適格請求書発行事業者の登録申請書（国内事業者用）」の記載例は次頁のとおりである。

第3章　適格請求書発行事業者登録の実務

第1−(1)号様式

【国内事業者用】

適格請求書発行事業者の登録申請書

【1／2】

令和 5 年 3 月 1 日	（フリガナ）	トシマクヒガシイケブクロ
	住所又は居所 （法人の場合） 本店又は 主たる事務所 の 所 在 地	（〒170−0013） （法人の場合のみ公表されます） 豊島区東池袋 1−2−3 （電話番号　03−6000−××××）
申	（フリガナ）	（〒　　−　　）
請	納 税 地	同上 （電話番号　　　−　　−　　）
	（フリガナ）	トシマショウジカブシキカイシャ
者	氏名又は名称	豊島商事株式会社
	（フリガナ）	サトウ イチロウ
豊島 税務署長殿	（法人の場合） 代表者氏名	佐藤 一郎
	法 人 番 号	1 2 3 4 5 6 7 8 9 0 1 2 3

この申請書は、令和三年十月一日から令和五年九月三十日までの間に提出する場合に使用します。

　この申請書に記載した次の事項（ ● 印欄）は、適格請求書発行事業者登録簿に登載されるとともに、国税庁ホームページで公表されます。
1　申請者の氏名又は名称
2　法人（人格のない社団等を除く。）にあっては、本店又は主たる事務所の所在地
　なお、上記1及び2のほか、登録番号及び登録年月日が公表されます。
　また、常用漢字等を使用して公表しますので、申請書に記載した文字と公表される文字とが異なる場合があります。

　下記のとおり、適格請求書発行事業者としての登録を受けたいので、所得税法等の一部を改正する法律（平成28年法律第15号）第5条の規定による改正後の消費税法第57条の2第2項の規定により申請します。
　※　当該申請書は、所得税法等の一部を改正する法律（平成28年法律第15号）附則第44条第1項の規定により令和5年9月30日以前に提出するものです。

　令和5年3月31日（特定期間の判定により課税事業者となる場合は令和5年6月30日）までにこの申請書を提出した場合は、原則として令和5年10月1日に登録されます。

事 業 者 区 分	この申請書を提出する時点において、該当する事業者の区分に応じ、□にレ印を付してください。 □ 課税事業者　　　　☑ 免税事業者 ※　次葉「登録要件の確認」欄を記載してください。また、免税事業者に該当する場合には、次葉「免税事業者の確認」欄も記載してください（詳しくは記載要領等をご確認ください。）。
令和5年3月31日（特定期間の判定により課税事業者となる場合は令和5年6月30日）までにこの申請書を提出することができなかったことにつき困難な事情がある場合は、その困難な事情	
税 理 士 署 名	田中 次郎 （電話番号　03−5555−××××）

※税務署処理欄	整理番号		部門番号		申請年月日	年 月 日	通 信 日 付 印 年 月 日	確認	
	入力処理	年 月 日	番号確認		身元確認	□ 済 □ 未済	確認書類	個人番号カード／通知カード・運転免許証 その他（ 　　　）
	登録番号	T							

注意　1　記載要領等に留意の上、記載してください。
　　　2　税務署処理欄は、記載しないでください。
　　　3　この申請書を提出するときは、「適格請求書発行事業者の登録申請書（次葉）」を併せて提出してください。

150

第1－(1)号様式次葉

国内事業者用

適格請求書発行事業者の登録申請書（次葉）

【2／2】

氏名又は名称	豊島商事株式会社

該当する事業者の区分に応じ、□にレ印を付し記載してください。

免税事業者の確認

☑ 令和5年10月1日の属する課税期間中に登録を受け、所得税法等の一部を改正する法律（平成28年法律第15号）附則第44条第4項の規定の適用を受けようとする事業者
※ 登録開始日から納税義務の免除の規定の適用を受けないこととなります。

個 人 番 号												

事業内容等	生年月日（個人）又は設立年月日（法人）	1明治・2大正・3昭和・④平成・5令和 23年 4月 1日	法人のみ記載	事業年度	自 4月 1日 至 3月 31日
				資本金	5,000,000円
	事 業 内 容	小売業			

□ 消費税課税事業者（選択）届出書を提出し、納税義務の免除の規定の適用を受けないこととなる課税期間の初日から登録を受けようとする事業者	課 税 期 間 の 初 日 ※ 令和5年10月1日から令和6年3月31日までの間のいずれかの日 令和 年 月 日

登録要件の確認

課税事業者です。 ※ この申請書を提出する時点において、免税事業者であっても、「免税事業者の確認」欄のいずれかの事業者に該当する場合は、「はい」を選択してください。	☑ はい □ いいえ
消費税法に違反して罰金以上の刑に処せられたことはありません。 （「いいえ」の場合は、次の質問にも答えてください。）	☑ はい □ いいえ
その執行を終わり、又は執行を受けることがなくなった日から2年を経過しています。	□ はい □ いいえ

参考事項

この申請書は、令和三年十月一日から令和五年九月三十日までの間に提出する場合に使用します。

第3章　適格請求書発行事業者登録の実務

❸ 登録の任意性

　適格請求書等保存方式の下でも、免税事業者はその地位を保持し続けることはできる。すなわち、適格請求書等保存方式の下では、適格請求書を発行できるのは適格請求書発行事業者のみであるが、事業者（免税事業者のみならず課税事業者も）が適格請求書発行事業者の登録を受けるか否かは事業者ごとに判断するものであり、任意である（「できる」規定、新消法57の2①）。

　一旦適格請求書発行事業者の登録を受けると、当該業者は、その販売する商品に飲食料品等の軽減税率対象品目があるかどうかを問わず、課税事業者である取引の相手方から交付を求められたときは、適格請求書を交付すべき義務を負うため、注意を要する。

　一方で、事業者は個人の消費者や免税事業者など、課税事業者以外の者に対しては適格請求書を交付すべき義務を負うことはない。したがって、例えば顧客が個人の消費者のみである場合には、適格請求書を交付することはないため、適格請求書発行事業者の登録を行う必要性は乏しいということになる（インボイスQ&A問11）。

❹ 免税事業者である新設の法人の登録時期の特例

　新設の法人は基準期間がないため、資本金等の金額が1,000万円以上でないかぎり、原則として[5]免税事業者となる（消法12の2①）。

　その免税事業者である新設の法人が、事業を開始した日の属する課税期間の初日から課税事業者となるためには、事業を開始した日の属する課税期間の末日までに「消費税課税事業者選択届出書」を提出する必要がある（消法9④、消令20一）。

　また、当該新設の法人が、事業を開始した日の属する課税期間の初日から適格請求書発行事業者の登録を受けようとする場合には、その事業を開始し

---

[5] 特定新規設立法人に該当する場合も、設立事業年度は課税事業者となる（消法12の3）。

152

た日の属する課税期間の末日までに登録申請書を提出することにより、税務署長による適格請求書発行事業者登録簿への登載が行われ、その課税期間の初日に登録を受けたものとみなされる規定の適用を受けられるようにする必要がある（新設法人等の登録時期の特例、新消令70の4、新消規26の4一、インボイス通達2-2）。

したがって、免税事業者である新設の法人が、事業を開始した日の属する課税期間の初日から適格請求書発行事業者の登録を受けるためには、設立後、その課税期間の末日までに、「消費税課税事業者選択届出書」及び登録申請書を両方とも提出する必要がある（インボイスQ&A問12）。

これを図で示すと以下のとおりとなる。

図表3-10 ●免税事業者（資本金1,000万円未満）である新設の法人の登録時期の特例

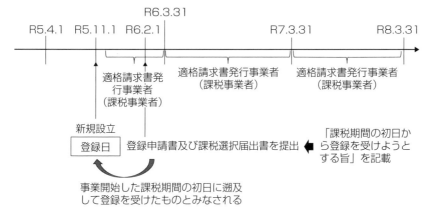

免税事業者である新設法人が事業を開始した日の属する課税期間の初日から適格請求書発行事業者の登録を受ける場合における、「消費税課税事業者選択届出書」及び「適格請求書発行事業者の登録申請書（国内事業者用）」の記載例は次頁のとおりである。

第3章 適格請求書発行事業者登録の実務

第1号様式

消費税課税事業者選択届出書

収受印

令和 6 年 2 月 1 日	届　出　者	（フリガナ）	トウキョウトトシマクヒガシイケブクロ
		納　税　地	（〒 170 - 0013 ） 東京都豊島区東池袋 1-2-3 （電話番号　03 - 6000 - ××××　）
		（フリガナ）	
		住所又は居所 （法人の場合） 本店又は 主たる事務所 の所在地	（〒　-　） （電話番号　-　-　）
		（フリガナ）	トシマショウジカブシキガイシャ
		名称（屋号）	豊島商事株式会社
豊島 税務署長殿		個人番号 又は 法人番号	↓ 個人番号の記載に当たっては、左端を空欄とし、ここから記載してください。 1 2 3 4 5 6 7 8 9 0 1 2 3
		（フリガナ） 氏　名 （法人の場合） 代表者氏名	サトウ イチロウ 佐藤 一郎
		（フリガナ） （法人の場合） 代表者住所	トシマクミナミオオツカ 豊島区南大塚 4-5-6 （電話番号　03 - 5432 - ××××　）

　下記のとおり、納税義務の免除の規定の適用を受けないことについて、消費税法第9条第4項の規定により届出します。

適用開始課税期間	自 ○平成 ●令和　5 年 11 月 1 日　至 ○平成 ●令和　6 年 3 月 31 日		
上記期間の	自 ○平成 ○令和　年　月　日	左記期間の 総売上高	円
基　準　期　間	至 ○平成 ○令和　年　月　日	左記期間の 課税売上高	円

事業内容等	生年月日（個人）又は設立 年月日(法人)	1明治・2大正・3昭和・4平成・5令和 ○ ○ ○ ○ ○ 5 年 11 月 1 日	法人 のみ 記載	事業年度	自4月1日 至3月1日
				資本金	8,000,000 円
	事業内容	小売業	届出区分	事業開始・設立・相続・合併・分割・特別会計・その他 ○ ○ ○ ○ ○ ○ ○	

参考事項		税理士 署名	田中次郎 （電話番号　03 - 5555 - ××××　）

※税務署処理欄	整理番号		部門番号				
	届出年月日	年　月　日	入力処理	年　月　日	台帳整理	年　月　日	
	通信日付印 年　月　日	確認	番号確認	身元確認	□ 済 □ 未済	確認書類	個人番号カード／通知カード・運転免許証 その他（　）

注意　1. 裏面の記載要領等に留意の上、記載してください。
　　　2. 税務署処理欄は、記載しないでください。

4 免税事業者と登録制度

第1-(3)号様式

国内事業者用

適格請求書発行事業者の登録申請書

【1／2】

収受印			
令和 6 年 2 月 1 日	申請者	（フリガナ）トシマクヒガシイケブクロ 住所又は居所（法人の場合）本店又は主たる事務所の所在地	（〒 170－0013）（法人の場合のみ公表されます）豊島区東池袋 1-2-3（電話番号 03－6000－××××）
		（フリガナ）納税地	（〒 － ）同上（電話番号 － － ）
		（フリガナ）トシマショウジカブシキカイシャ 氏名又は名称	豊島商事株式会社
		（フリガナ）サトウ イチロウ（法人の場合）代表者氏名	佐藤 一郎
豊島 税務署長殿		法 人 番 号	1 2 3 4 5 6 7 8 9 0 1 2 3

この申請書に記載した次の事項（ ●印欄 ）は、適格請求書発行事業者登録簿に登載されるとともに、国税庁ホームページで公表されます。
1　申請者の氏名又は名称
2　法人（人格のない社団等を除く。）にあっては、本店又は主たる事務所の所在地
　なお、上記1及び2のほか、登録番号及び登録年月日が公表されます。
　また、常用漢字等を使用して公表しますので、申請書に記載した文字と公表される文字とが異なる場合があります。

　下記のとおり、適格請求書発行事業者としての登録を受けたいので、消費税法第57条の2第2項の規定により申請します。

事業者区分	この申請書を提出する時点において、該当する事業者の区分に応じ、□にレ印を付してください。※ 次葉「登録要件の確認」欄を記載してください。また、免税事業者に該当する場合には、次葉「免税事業者の確認」欄も記載してください（詳しくは記載要領等をご確認ください。）。
	□　課税事業者（新たに事業を開始した個人事業者又は新たに設立された法人等を除く。）
	□　免税事業者（新たに事業を開始した個人事業者又は新たに設立された法人等を除く。）
	☑　新たに事業を開始した個人事業者又は新たに設立された法人等
	☑　事業を開始した日の属する課税期間の初日から登録を受けようとする事業者 ※ 課税期間の初日が令和5年9月30日以前の場合の登録年月日は、令和5年10月1日となります。　　課税期間の初日　令和 5 年 11 月 1 日
	□　上記以外の課税事業者
	□　上記以外の免税事業者

税理士署名	田中 次郎（電話番号 03－5555－××××）

※税務署処理欄	整理番号		部門番号		申請年月日	年　月　日	通信日付印　確認 年　月　日	
	入力処理	年　月　日	番号確認		身元確認	□ 済 □ 未済	確認書類	個人番号カード／通知カード・運転免許証 その他（　　　　　）
	登録番号	T						

注意　1　記載要領等に留意の上、記載してください。
　　　2　税務署処理欄は、記載しないでください。
　　　3　この申請書を提出するときは、「適格請求書発行事業者の登録申請書（次葉）」を併せて提出してください。

この申請書は、令和五年十月一日から令和六年九月三十日までの間に提出する場合に使用します。

155

第3章　適格請求書発行事業者登録の実務

第1−(3)号様式次葉

国内事業者用

適格請求書発行事業者の登録申請書（次葉）

【2／2】

氏名又は名称	豊島商事株式会社

この申請書は、令和五年十月一日から令和六年九月三十日までの間に提出する場合に使用します。

免税事業者の確認	☐	令和5年10月1日の属する課税期間中に登録を受け、所得税法等の一部を改正する法律（平成28年法律第15号）附則第44条第4項の規定の適用を受けようとする事業者 ※　登録開始日から納税義務の免除の規定の適用を受けないこととなります。									

個 人 番 号										
事業内容等	生 年 月 日（個人）又は設立年月日（法人）	1明治・2大正・3昭和・4平成・5令和 　　　　年　　　月　　　日	法人のみ記載	事 業 年 度	自　　　月　　　日 至　　　月　　　日
	事 業 内 容			資 本 金	円

		翌課税期間の初日	
☐	消費税課税事業者（選択）届出書を提出し、納税義務の免除の規定の適用を受けないこととなる翌課税期間の初日から登録を受けようとする事業者 ※　この場合、翌課税期間の初日の前日から起算して1月前の日までにこの申請書を提出する必要があります。	令和　　年　　月　　日	

✓	上記以外の免税事業者

登録要件の確認	課税事業者です。 ※　この申請書を提出する時点において、免税事業者であっても、「免税事業者の確認」欄のいずれかの事業者に該当する場合は、「はい」を選択してください。	✓ はい ☐ いいえ
	消費税法に違反して罰金以上の刑に処せられたことはありません。 （「いいえ」の場合は、次の質問にも答えてください。）	✓ はい ☐ いいえ
	その執行を終わり、又は執行を受けることがなくなった日から2年を経過しています。	☐ はい ☐ いいえ

相続による事業承継の確認	相続により適格請求書発行事業者の事業を承継しました。 （「はい」の場合は、以下の事項を記載してください。）	☐ はい ☐ いいえ		
	適格請求書発行事業者の死亡届出書	提出年月日	令和　　年　　月　　日	提出先税務署　　　　　　　　　税務署
	被相続人	死 亡 年 月 日	令和　　　年　　　月　　　日	
		（フリガナ） 納 税 地	（〒　　−　　　）	
		（フリガナ） 氏 名		
		登 録 番 号	T	

参考事項	

156

4 免税事業者と登録制度

❺ 免税事業者が新たに課税事業者になる場合

　既存の免税事業者が新たに課税事業者になる場合において、課税事業者となる課税期間の初日から適格請求書発行事業者の登録を受けるためには、その課税期間の初日の前日から起算して1か月前の日までに登録申請書を提出しなければならない（新消法57の2②、新消令70の2、インボイスQ&A問8（注）2）。

　この場合における「消費税課税事業者選択届出書」及び「適格請求書発行事業者の登録申請書（国内事業者用）」の記載例は次頁のとおりである。

第3章　適格請求書発行事業者登録の実務

第1号様式

消費税課税事業者選択届出書

収受印

		（フリガナ）	トウキョウトトシマクヒガシイケブクロ
令和 7年 2月 1日	届出者	納税地	（〒 170 − 0013） 東京都豊島区東池袋 1-2-3 （電話番号　03− 6000−××××　）
		（フリガナ）	
		住所又は居所 （法人の場合） 本店又は 主たる事務所 の所在地	（〒 　−　 ） （電話番号　　−　　−　　）
		（フリガナ）	トシマショウジカブシキガイシャ
		名称（屋号）	豊島商事株式会社
		個人番号 又は 法人番号	↓ 個人番号の記載に当たっては、左端を空欄とし、ここから記載してください。 1 2 3 4 5 6 7 8 9 0 1 2 3
		（フリガナ）	サトウ イチロウ
		氏名 （法人の場合） 代表者氏名	佐藤 一郎
豊島　税務署長殿		（フリガナ） （法人の場合） 代表者住所	トシマクミナミオオツカ 豊島区南大塚 5-4-3 （電話番号　03− 6789−××××　）

　下記のとおり、納税義務の免除の規定の適用を受けないことについて、消費税法第9条第4項の規定により届出します。

適用開始課税期間	自 ○平成 ◉令和　7年 4月 1日　至 ○平成 ◉令和　8年 3月 31日		
上記期間の 基準期間	自 ○平成 ◉令和　5年 4月 1日	左記期間の 総売上高	8,547,643 円
	至 ○平成 ◉令和　6年 3月 31日	左記期間の 課税売上高	8,522,193 円

事業内容等	生年月日（個人）又は設立 年月日(法人)	1明治・2大正・3昭和・4平成・5令和 ○　　○　　○　　◉　　○ 23年 4月 1日	法人のみ記載	事業年度	自4月1日 至3月31日
				資本金	6,000,000 円
	事業内容	小売業	届出区分	事業開始・設立・相続・合併・分割・特別会計・その他 ○　　○　　○　　○　　○　　○　　○	

参考事項		税理士 署名	田中次郎 （電話番号　03− 5555−××××　）

※税務署処理欄	整理番号		部門番号			
	届出年月日	年 　月 　日	入力処理	年 　月 　日	台帳整理	年 　月 　日
	通信日付印 　年 　月 　日	確認	番号確認	身元確認 □ 済 　　　　□ 未済	確認書類	個人番号カード／通知カード・運転免許証 その他（　　　　）

注意　1．裏面の記載要領等に留意の上、記載してください。
　　　2．税務署処理欄は、記載しないでください。

4 免税事業者と登録制度

第1-(5)号様式

国内事業者用

適格請求書発行事業者の登録申請書

【1／2】

収受印			
令和 7 年 2 月 1 日	申請者	（フリガナ）　トシマクヒガシイケブクロ 住所又は居所 （法人の場合） 本店又は 主たる事務所 の所在地	（〒 170 - 0013） （法人の場合のみ公表されます） **豊島区東池袋 1-2-3** （電話番号　03 - 6000 - ××××）
		（フリガナ） 納税地	（〒　-　） **同上** （電話番号　-　-）
		（フリガナ）　トシマショウジカブシキカイシャ 氏名又は名称	**豊島商事株式会社**
豊島　税務署長殿		（フリガナ）　サトウ　イチロウ （法人の場合） 代表者氏名	**佐藤　一郎**
		法人番号	1 2 3 4 5 6 7 8 9 0 1 2 3

この申請書は、令和六年十月一日以後提出する場合に使用します。

　この申請書に記載した次の事項（◉印欄）は、適格請求書発行事業者登録簿に登載されるとともに、国税庁ホームページで公表されます。
1　申請者の氏名又は名称
2　法人（人格のない社団等を除く。）にあっては、本店又は主たる事務所の所在地
　なお、上記1及び2のほか、登録番号及び登録年月日が公表されます。
　また、常用漢字等を使用して公表しますので、申請書に記載した文字と公表される文字とが異なる場合があります。

　下記のとおり、適格請求書発行事業者としての登録を受けたいので、消費税法第57条の2第2項の規定により申請します。

事業者区分	この申請書を提出する時点において、該当する事業者の区分に応じ、□にレ印を付してください。	
	□　事業を開始した日の属する課税期間の初日から登録を受けようとする事業者	課税期間の初日 令和　年　月　日
	✓　納税義務の免除の規定の適用を受けないこととなる翌課税期間の初日から登録を受けようとする事業者 ※　この場合、翌課税期間の初日の前日から起算して1月前の日までにこの申請書を提出する必要があります。	翌課税期間の初日 令和 7 年 4 月 1 日
	□　上記以外の免税事業者	
	□　上記以外の課税事業者	

税理士署名	**田中　次郎**
	（電話番号　03 - 5555 - ××××）

※税務署処理欄	整理番号		部門番号		申請年月日	年　月　日	通信日付印 年　月　日	確認
	入力処理	年　月　日	番号確認		登録番号	T		

注意　1　記載要領等に留意の上、記載してください。
　　　2　税務署処理欄は、記載しないでください。
　　　3　この申請書を提出するときは、「適格請求書発行事業者の登録申請書（次葉）」を併せて提出してください。

第３章　適格請求書発行事業者登録の実務

第１−⑸号様式次葉

国内事業者用

適格請求書発行事業者の登録申請書（次葉）

【２／２】

氏 名 又 は 名 称	豊島商事株式会社

登録要件の確認	課税事業者です。 ※　この申請書を提出する時点において、免税事業者の方が、消費税課税事業者（選択）届出書を既に提出しており、又はこの申請書と同時に提出し、納税義務の免除の規定の適用を受けないこととなる場合は、「はい」を選択してください。	☑ はい　☐ いいえ
	消費税法に違反して罰金以上の刑に処せられたことはありません。 （「いいえ」の場合は、次の質問にも答えてください。）	☑ はい　☐ いいえ
	その執行を終わり、又は執行を受けることがなくなった日から２年を経過しています。	☐ はい　☐ いいえ

相続による事業承継の確認	相続により適格請求書発行事業者の事業を承継しました。 （「はい」の場合は、以下の事項を記載してください。）			☐ はい　☐ いいえ	
	適格請求書発行事業者の死亡届出書	提出年月日	令和　　年　　月　　日	提出先税務署	税務署
	被相続人	死 亡 年 月 日	令和　　年　　月　　日		
		（フリガナ） 納　税　地	（〒　　−　　　）		
		（フリガナ） 氏　　　名			
		登 録 番 号	T		

参考事項	

この申請書は、令和六年十月一日以後提出する場合に使用します。

❻ 免税事業者から簡易課税事業者への転換

　第1章❻❼で述べたとおり、免税事業者のうち、インボイス制度導入後に事業者間取引から排除されることを恐れる事業者は、適格請求書発行事業者の登録申請を余儀なくされるであろう。しかし、当該免税事業者の多くは中小零細事業者であると考えられることから、適格請求書発行事業者となった場合の事務負担の増加は厳しいものである。

　そこで、仕入税額に係る事務負担を軽減する目的で、免税事業者が適格請求書等保存方式の開始日である令和5（2023）年10月1日から適格請求書発行事業者に転換し、かつ、簡易課税制度の適用事業者となるケースが相当数見られるものと想定される。この場合、❷で述べたとおり、登録申請書を令和5（2023）年3月31日までに提出することで、適格請求書等保存方式の開始日である令和5（2023）年10月1日の前日までは免税事業者、同年10月1日からは適格請求書発行事業者（課税事業者）となる。加えて、登録日の属する課税期間中にその課税期間から簡易課税制度の適用を受ける旨を記載した「消費税簡易課税制度選択届出書」（実際には届出書の該当欄に☑を入れる）を、納税地を所轄する税務署長に提出した場合には、その課税期間の初日の前日に「消費税簡易課税制度選択届出書」を提出したものとみなされる（平30改正令附則18、インボイスQ&A問10）。これを図示すると以下のとおりとなる。

図表3-11 ●免税事業者に係る経過措置（簡易課税）

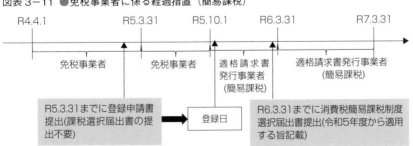

第３章　適格請求書発行事業者登録の実務

　免税事業者が適格請求書等保存方式の開始日である令和5（2023）年10月1日から適格請求書発行事業者に転換し、かつ、簡易課税制度の適用事業者となる場合の「適格請求書発行事業者の登録申請書（国内事業者用）」及び「消費税簡易課税選択届出書」の記載例は次頁のとおりである。

　なお、令和5年税制改正に伴う実務対応については、序章❺参照のこと。

4 免税事業者と登録制度

第1−(1)号様式

国内事業者用

適格請求書発行事業者の登録申請書

【1／2】

収受印			
令和 5 年 3 月 1 日	申請者	（フリガナ） 住所又は居所 （法人の場合） 本店又は 主たる事務所 の所在地	トシマクヒガシイケブクロ ◎（〒170−0013） （法人の場合のみ公表されます） **豊島区東池袋 1-2-3** （電話番号　03−6000−××××）
		（フリガナ） 納　税　地	（〒　　−　　） **同上** （電話番号　　−　　−　　）
		（フリガナ） 氏名又は名称	トシマショウジカブシキカイシャ ◎**豊島商事株式会社**
		（フリガナ） （法人の場合） 代表者氏名	サトウ イチロウ **佐藤 一郎**
豊島 税務署長殿		法　人　番　号	1 2 3 4 5 6 7 8 9 0 1 2 3

この申請書は、令和三年十月一日から令和五年九月三十日までの間に提出する場合に使用します。

この申請書に記載した次の事項（◎印欄）は、適格請求書発行事業者登録簿に登載されるとともに、国税庁ホームページで公表されます。
1　申請者の氏名又は名称
2　法人（人格のない社団等を除く。）にあっては、本店又は主たる事務所の所在地
　なお、上記1及び2のほか、登録番号及び登録年月日が公表されます。
　また、常用漢字等を使用して公表しますので、申請書に記載した文字と公表される文字とが異なる場合があります。

下記のとおり、適格請求書発行事業者としての登録を受けたいので、所得税法等の一部を改正する法律（平成28年法律第15号）第5条の規定による改正後の消費税法第57条の2第2項の規定により申請します。
　※　当該申請書は、所得税法等の一部を改正する法律（平成28年法律第15号）附則第44条第1項の規定により令和5年9月30日以前に提出するものです。

令和5年3月31日（特定期間の判定により課税事業者となる場合は令和5年6月30日）までにこの申請書を提出した場合は、原則として令和5年10月1日に登録されます。

事　業　者　区　分	この申請書を提出する時点において、該当する事業者の区分に応じ、□にレ印を付してください。 　□ 課税事業者　　　☑ 免税事業者 ※　次葉「登録要件の確認」欄を記載してください。また、免税事業者に該当する場合には、次葉「免税事業者の確認」欄も記載してください（詳しくは記載要領等をご確認ください。）。
令和5年3月31日（特定期間の判定により課税事業者となる場合は令和5年6月30日）までにこの申請書を提出することができなかったことにつき困難な事情がある場合は、その困難な事情	
税　理　士　署　名	**田中　次郎** （電話番号　03−5555−××××）

※税務署処理欄	整理番号		部門番号		申請年月日	年　月　日	通信日付印 　年　月　日	確認
	入力処理	年　月　日	番号確認		身元確認	□ 済 □ 未済	確認書類	個人番号カード／通知カード・運転免許証 その他（　　　）
	登録番号	T						

注意　1　記載要領等に留意の上、記載してください。
　　　2　税務署処理欄は、記載しないでください。
　　　3　この申請書を提出するときは、「適格請求書発行事業者の登録申請書（次葉）」を併せて提出してください。

インボイス制度

163

第３章　適格請求書発行事業者登録の実務

第１－(1)号様式次葉

国内事業者用

適格請求書発行事業者の登録申請書（次葉）

【２／２】

氏名又は名称	豊島商事株式会社

この申請書は、令和三年十月一日から令和五年九月三十日までの間に提出する場合に使用します。

<table>
<tr><td rowspan="8">免 税 事 業 者 の 確 認</td><td colspan="6">該当する事業者の区分に応じ、□にレ印を付し記載してください。</td></tr>
<tr><td colspan="6">☑　令和５年10月１日から令和11年９月30日までの日の属する課税期間中に登録を受け、所得税法等の一部を改正する法律（平成28年法律第15号）附則第44条第４項の規定の適用を受けようとする事業者
※　登録開始日から納税義務の免除の規定の適用を受けないこととなります。</td></tr>
<tr><td>個　人　番　号</td><td colspan="5"></td></tr>
<tr><td rowspan="2">事業内容等</td><td>生年月日（個人）又は設立年月日（法人）</td><td>○明治 ○大正 ○昭和 ◉平成 ○令和
23 年 4 月 1 日</td><td rowspan="2">法人のみ記載</td><td>事 業 年 度</td><td>自 4 月 1 日
至 3 月 31 日</td></tr>
<tr><td>事　業　内　容</td><td>小売業</td><td>資　本　金</td><td>5000000 円
（令和５年10月１日を希望する場合、記載不要）</td></tr>
<tr><td colspan="3"></td><td>登 録 希 望 日</td><td>令和　　年　　月　　日</td></tr>
<tr><td colspan="3">□　消費税課税事業者（選択）届出書を提出し、納税義務の免除の規定の適用を受けないこととなる課税期間の初日から登録を受けようとする事業者</td><td colspan="2">課 税 期 間 の 初 日
※　令和５年10月１日から令和６年３月31日までの間のいずれかの日
令和　　年　　月　　日</td></tr>
</table>

<table>
<tr><td rowspan="6">登 録 要 件 の 確 認</td><td>課税事業者です。

※　この申請書を提出する時点において、免税事業者であっても、「免税事業者の確認」欄のいずれかの事業者に該当する場合は、「はい」を選択してください。</td><td>☑ はい　□ いいえ</td></tr>
<tr><td>納税管理人を定める必要のない事業者です。
（「いいえ」の場合は、次の質問にも答えてください。）</td><td>☑ はい　□ いいえ</td></tr>
<tr><td>納税管理人を定めなければならない場合（国税通則法第117条第１項）
【個人事業者】　国内に住所及び居所（事務所及び事業所を除く。）を有せず、又は有しないこととなる場合
【法人】　国内に本店又は主たる事務所を有しない法人で、国内にその事務所及び事業所を有せず、又は有しないこととなる場合</td><td></td></tr>
<tr><td>納税管理人の届出をしています。
「はい」の場合は、消費税納税管理人届出書の提出日を記載してください。
消費税納税管理人届出書　（提出日：令和　　年　　月　　日）</td><td>□ はい　□ いいえ</td></tr>
<tr><td>消費税法に違反して罰金以上の刑に処せられたことはありません。
（「いいえ」の場合は、次の質問にも答えてください。）</td><td>☑ はい　□ いいえ</td></tr>
<tr><td>その執行を終わり、又は執行を受けることがなくなった日から２年を経過しています。</td><td>□ はい　□ いいえ</td></tr>
</table>

参 考 事 項	

164

4 免税事業者と登録制度

第9号様式

消 費 税 簡 易 課 税 制 度 選 択 届 出 書

収受印

令和 5 年12月10日	届出者	（フリガナ）	トウキョウトトシマクヒガシイケブクロ
		納 税 地	（〒 170 － 0013 ） 東京都豊島区東池袋 1-2-3 （電話番号 03 － 6000 － ××××）
		（フリガナ）	トシマショウジカブシキカイシャ
		氏名又は名称及び代表者氏名	豊島商事株式会社
豊島 税務署長殿		法 人 番 号	※個人の方は個人番号の記載は不要です。 1 2 3 4 5 6 7 8 9 0 1 2 3

下記のとおり、消費税法第37条第1項に規定する簡易課税制度の適用を受けたいので、届出します。

☑ 消費税法施行令等の一部を改正する政令（平成30年政令第135号）附則第18条の規定により
消費税法第37条第1項に規定する簡易課税制度の適用を受けたいので、届出します。

①	適用開始課税期間	自 令和 5 年 4 月 1 日	至 令和 6 年 3 月 31 日
②	①の基準期間	自 令和 3 年 4 月 1 日	至 令和 4 年 3 月 31 日
③	②の課税売上高		8,000,000 円

事 業 内 容 等	（事業の内容） 小売業	（事業区分） 第 2 種事業

提出要件の確認	次のイ、ロ又はハの場合に該当する （「はい」の場合のみ、イ、ロ又はハの項目を記載してください。）			はい □ いいえ ☑
	イ	消費税法第9条第4項の規定により課税事業者を選択している場合	課税事業者となった日	令和 年 月 日
			課税事業者となった日から2年を経過する日までの間に開始した各課税期間中に調整対象固定資産の課税仕入れ等を行っていない	はい □
	ロ	消費税法第12条の2第1項に規定する「新設法人」又は同法第12条の3第1項に規定する「特定新規設立法人」に該当する（該当していた）場合	設立年月日	令和 年 月 日
			基準期間がない事業年度に含まれる各課税期間中に調整対象固定資産の課税仕入れ等を行っていない	はい □
	ハ 仕入れ等を行った資産が高額特定資産に該当する場合はAの欄を、自己建設高額特定資産に該当する場合は、Bの欄をそれぞれ記載してください。	消費税法第12条の4第1項に規定する「高額特定資産の仕入れ等」を行っている場合（同条第2項の適用を受ける場合）	A	仕入れ等を行った課税期間の初日	令和 年 月 日
				この届出による①の「適用開始課税期間」は、高額特定資産の仕入れ等を行った課税期間の初日から、同日以後3年を経過する日の属する課税期間までの各課税期間に該当しない	はい □
			B	仕入れ等を行った課税期間の初日	○平成 ○令和 年 月 日
				建設等が完了した課税期間の初日	令和 年 月 日
				この届出による①の「適用開始課税期間」は、自己建設高額特定資産の建設等に要した仕入れ等に係る支払対価の額の累計額が1千万円以上となった課税期間の初日から、自己建設高額特定資産の建設等が完了した課税期間の初日以後3年を経過する日の属する課税期間までの各課税期間に該当しない	はい □

※ 消費税法第12条の4第2項の規定による場合は、ハの項目を次のとおり記載してください。
1 「自己建設高額特定資産」を「調整対象自己建設高額資産」と読み替える。
2 「仕入れ等を行った」は、消費税法第36条第1項又は第3項の規定の適用を受けた」と、「自己建設高額特定資産の建設等に要した仕入れ等に係る支払対価の額の累計額が1千万円以上となった」は、「調整対象自己建設高額資産について消費税法第36条第1項又は第3項の規定の適用を受けた」と読み替える。

※ この届出書を提出した課税期間が、上記イ、ロ又はハに記載の各課税期間である場合、この届出書提出後、届出を行った課税期間中に調整対象固定資産の課税仕入れ等又は高額特定資産の仕入れ等を行うと、原則としてこの届出書の提出はなかったものとみなされます。詳しくは、裏面をご確認ください。

参 考 事 項	
税 理 士 署 名	田中次郎 （電話番号 03 － 5555 － ××××）

※税務署処理欄	整理番号		部門番号			
	届出年月日	年 月 日	入力処理	年 月 日	台帳整理	年 月 日
	通信日付印	確認	番号確認			

注意 1．裏面の記載要領等に留意の上、記載してください。
2．税務署処理欄は、記載しないでください。

165

第4章

適格請求書等保存方式の実務

適格請求書の記載事項と記載例

1 適格請求書の記載事項と記載例

❶ 適格請求書の記載事項

　令和5（2023）年10月1日から導入される予定の適格請求書等保存方式の下では、適格請求書発行事業者は、以下の事項の記載が求められる「適格請求書」を発行することとなる（新消法57の4①）。

　　ア．適格請求書発行事業者の氏名又は名称及び登録番号

　　イ．課税資産の譲渡等を行った年月日

　　ウ．課税資産の譲渡等に係る資産又は役務の内容（軽減税率対象品目である場合には、その品目の内容及びその旨）

　　エ．課税資産の譲渡等の税抜価額又は税込価額を税率ごとに区分して合計した金額及び適用税率

　　オ．税率ごとに区分した消費税額等（消費税額及び地方消費税額の合計額）

　　カ．書類の交付を受ける事業者の氏名又は名称

　なお、上記アの「登録番号」の申請は令和3（2021）年10月から受け付けられ、適格請求書等保存方式が開始される令和5（2023）年10月より前に当該番号が通知される見込みであるが、当該番号を令和5（2023）年9月30日以前に交付する区分記載請求書等に記載しても問題ない（インボイスQ&A問66）。

❷ 適格請求書の様式

　国によっては政府指定のインボイスの様式を用いなければならないケースもあるようであるが[1]、わが国に導入される適格請求書等保存方式の下では、国が定めた適格請求書の様式というものは特に存在しない。上記❶のア〜カ

169

第4章　適格請求書等保存方式の実務

の事項を記載した請求書、納品書その他これらに類する書類であれば、印刷
されたものは勿論のこと、手書きのものでも問題ない（新消法57の4①、
インボイス通達3-1、インボイスQ&A問26）。電子データ（電子インボイ
ス）によることも可能である（後述❸及び第6章参照）。

　また、適格請求書の交付に関して、一つの書類（例えば請求書）により上
記❶のア～カの事項を全て記載するのではなく、例えば、納品書と請求書等
の二以上の書類であっても、これらの書類について相互の関連が明確であ
り、かつその交付を受ける事業者が上記❶のア～カに掲げる事項を適正に認
識できる場合には、これら複数の書類全体で適格請求書の記載事項を満たす
ものと取り扱われる（インボイス通達3-1）。

❸ 電磁的記録による情報提供

　適格請求書は全て紙ベースの書類の形態を採らなければならない、という
わけではない。適格請求書発行事業者は、電子帳簿保存法（電子計算機を使
用して作成する国税関係帳簿書類の保存方法等の特例に関する法律）第2条
第3号に規定する「電磁的記録」は、いわば「電子インボイス」として、適
格請求書に代えて提供することができる（新消法57の4⑤）。

　ここでいう「電磁的記録」の提供は、具体的には以下のようなものが該当
する（インボイス通達3-2、インボイスQ&A問28）。

　ア．光ディスクや磁気テープのような記録媒体による提供

　イ．いわゆるEDI（Electronic Data Exchange）取引を通じた提供

　ウ．電子メールによる提供

　エ．インターネット上のサイトを通じた提供

　また、適格請求書に係る記載事項につき、例えば、納品書データと請求書

---

[1] 例えば、中国のVAT（増値税）の場合、税務当局から紙ベースのインボイスを購入して使用す
ることもある。Alan Schenk, *et al., Value Added Tax, A Comparative Approach*, Second
Edition, Cambridge University Press, at 454.

データなど複数の電磁的記録の提供による場合又は納品書と請求書データなど書面の交付と電磁的記録の提供による場合のいずれにおいても、上記❷の取扱いに準じて適格請求書の記載事項を満たすものとして取り扱われる（インボイス通達3-2）。

　適格請求書等発行方式への対応を契機に、消費税の経理システムにつき電磁的記録をベースにする事業者も多く出てくるものと想定されるところであり、システム開発業者にとってもビジネスチャンスととらえることが可能ではないかと考えられる。その場合、業者にとっても、適格請求書等発行方式の下での電磁的記録の要件を理解することが重要であろう。

❹ 電磁的記録の保存方法

　上記❸で説明した電磁的記録は、以下のとおり、電子帳簿保存法施行規則第8条第1項に規定する要件に準じて保存する必要がある（新消令50①、新消規15の5）。

　ア．次の1）又は2）のいずれかの措置を行うこと

　1）適格請求書に係る電磁的記録の受領後遅滞なくタイムスタンプを付すとともに、その電磁的記録の保存を行う者を直接監督する者に関する情報を確認することができるようにしておくこと（電帳規4①一）

　2）適格請求書に係る電磁的記録の記録事項について正当な理由がない訂正及び削除の防止に関する事務処理の規程を定め、当該規程に沿った運用を行うこと（電帳規4①二）

　イ．適格請求書に係る電磁的記録の保存等に併せて、システム概要書の備付けを行うこと（電帳規2②一、4①）

　ウ．適格請求書に係る電磁的記録の保存等をする場所に、その電磁的記録の電子計算機処理の用に要することができる電子計算機、プログラム、ディスプレイ及びプリンタ並びにこれらの操作説明書を備付け、その電磁的記録をディスプレイの画面及び書面に、整然とした形式及

第4章　適格請求書等保存方式の実務

び明瞭な状態で、速やかに出力できるようにしておくこと（電帳規2
②二、4①）

エ．適格請求書に係る電磁的記録について、以下の3つの要件を満たす
検索機能を確保しておくこと（電帳規2⑥六、4①）

1）取引年月日、その他の日付、取引金額その他の主要な項目（請求年月
日、請求金額、取引先名等）を検索条件として設定できること

2）日付又は金額に係る記録項目については、その範囲を指定して条件を
設定することができること

3）2以上の任意の記録項目を組み合わせて条件を設定できること

また、電磁的記録を整然とした形式及び明瞭な状態で出力した書面を保存
していれば、請求書等の保存要件を満たすこととなり、取引の相手方から提
供を受けた電磁的記録を保存する必要はない（新消規15の5②）。

なお、適格請求書等保存方式導入を機に今後普及することが想定される、
いわゆる電子インボイスの実務については、第6章参照のこと。

❺ 適格請求書の具体的記載例

上記❶でみたとおり、適格請求書の記載事項は以下の6項目である（新消
法57の4①）。

ア．適格請求書発行事業者の氏名又は名称及び登録番号

イ．課税資産の譲渡等を行った年月日

ウ．課税資産の譲渡等に係る資産又は役務の内容（軽減税率対象品目であ
る場合には、その品目の内容及びその旨）

エ．課税資産の譲渡等の税抜価額又は税込価額を税率ごとに区分して合計
した金額及び適用税率

オ．税率ごとに区分した消費税額等(消費税額及び地方消費税額の合計額)

カ．書類の交付を受ける事業者の氏名又は名称

軽減税率導入前の請求書（請求書等保存方式）との比較で、適格請求書に

172

おいて新たに記載を要する項目（上記記載事項のうちア、ウ、エ及びオ）を示すと以下の図のとおりとなる。

図表4-1 ●適格請求書の記載例

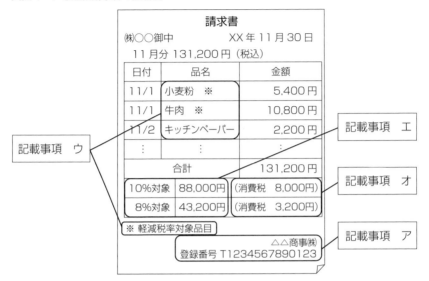

(出典) 国税庁「消費税の仕入税額控除制度における適格請求書等保存方式に関するQ&A（平成30年6月）」（令和4年11月改訂）問45を一部改変

　適格請求書は、Tから始まる「登録番号」が原則として記載されていること（記載事項ア）が大きな特徴であるといえる。

　なお、令和5年9月以前においては、上記記載事項のうち、当該番号のみの記載がない請求書も、区分記載請求書等保存方式の下での「区分記載請求書等」と取り扱われる。

❻ 適格請求書に係る消費税の端数処理

　適格請求書の記載事項である消費税額等については、一つの適格請求書につき、税率ごとに1回の端数処理を行う（新消令70の10、インボイス通達3-12）。その際の切上げ、切捨て、四捨五入などの端数処理の方法については、事業者が選択するいずれの方法でも問題ない（インボイスQ&A問48）。

第4章　適格請求書等保存方式の実務

　ただし、一つの適格請求書に記載されている個々の商品ごとに消費税額等を計算し、1円未満の端数処理を行い、その合計額を消費税額等として記載することは認められないので、注意を要する（インボイスQ&A問48）。

　一定期間の取引をまとめた請求書を適格請求書として交付する場合の、消費税の端数処理に係る記載例を示すと、以下の図のとおりとなる。

図表4−2 ●一定期間の取引をまとめた請求書を適格請求書とする場合の消費税の端数処理

請求書		
㈱○○御中		XX年11月1日
10月分（10/1～10/31）100,000円（税込）		
日付	品名	金額
10/1	小麦粉　※	5,000円
10/1	牛肉　※	8,000円
10/2	キッチンペーパー	2,000円
⋮	⋮	⋮
合計	100,000円（消費税　8,416円）	
10%対象	60,000円	(消費税 5,454円)
8%対象	40,000円	(消費税 2,962円)

※印は軽減税率対象商品

△△商事㈱

登録番号 T1234567890123

消費税額等の端数処理は、適格請求書単位で、税率ごとに1回行う。
・10%対象：60,000円×10/110 ≒5,454円
・8%対象：40,000円×8/108 ≒2,962円
（注）　商品ごと（例えば小麦粉や牛肉ごと）の端数処理は認められない。

（出典）　国税庁「消費税の仕入税額控除制度における適格請求書等保存方式に関するQ&A（平成30年6月）」（令和4年11月改訂）問48を一部改変

❼ 納品書と請求書とを合わせて記載事項の要件を満たす場合

　適格請求書の記載要件に関しては、一つの請求書や納品書等で全てを満たす必要はなく、二以上の書類であっても、それらの書類について相互の関連が明確であり、その交付を受ける事業者が法に定められた記載事項を適正に認識できる場合（例えば、請求書に納品書番号を記載する場合等）には、複数の書類全体で適格請求書の記載事項を満たすものとなる（インボイス通達

174

3-1)。

そのため、以下の図のように、請求書(一月分をまとめて請求)には前掲❺のア、エ及びオを記載し、納品書に足りない分であるイ及びウを記載することで、両方合わせて適格請求書の記載要件を満たすこととなる。

図表4-3 ●請求書のみでは不足する適格請求書の記載事項を納品書で補完する場合の記載例

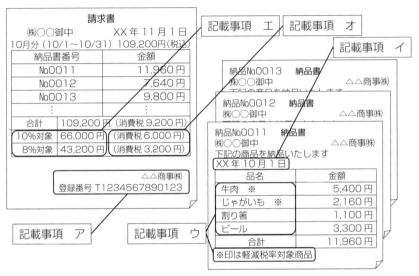

(出典) 国税庁「消費税の仕入税額控除制度における適格請求書等保存方式に関するQ&A(平成30年6月)」(令和4年11月改訂) 問56を一部改変

❽ 軽減税率の適用対象となる商品がない場合の適格請求書の記載例

適格請求書発行事業者といえども、販売する商品に軽減税率の適用対象となる商品がない場合もあり得る。その場合、軽減税率が導入される前の請求書の記載事項のみで問題ないのであろうか。

これについては、適格請求書発行事業者は発行する請求書は適格請求書の記載要件を満たす必要があるということを原則とし、登録番号や税率ごと(この場合は標準税率のみ)の合計額と適用税率、税率ごとの消費税額の記載は必要で、「軽減対象資産の譲渡等である旨」の記載は不要となるといっ

第 4 章　適格請求書等保存方式の実務

た微修正により対応することとなる（インボイス Q&A 問 64）。

　販売する商品に軽減税率の適用対象となる商品がない場合の適格請求書の記載例は以下のとおりである（図中のア～オは前掲❺の記載事項ア～オに対応する）。

図表 4－4　●軽減税率の適用対象となる商品がない場合の適格請求書の記載例

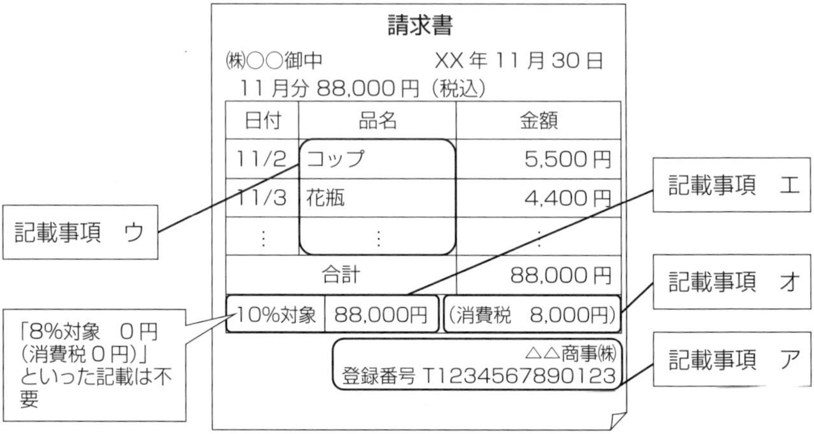

（出典）　国税庁「消費税の仕入税額控除制度における適格請求書等保存方式に関する Q&A（平成30 年 6 月）」（令和 4 年 11 月改訂）問 64 を一部改変

❾ 登録日である令和 5（2023）年 10 月 1 日をまたぐ請求書の記載事項

　令和 5（2023）年 10 月 1 日（インボイス制度開始日）から適格請求書発行事業者として登録する場合、同年 9 月 30 日までと 10 月 1 日以降とでは取り扱いが異なってくるわけであるが、10 月 1 日をまたぐ請求書（例えば 9月 16 日分から 10 月 15 日分等）を発行すべきケースもあるだろう。その場合、請求書の記載はどうするのであろうか。

　これについては、登録日（10 月 1 日）　前の課税資産の譲渡等に係るものと登録日以後の課税資産の譲渡等に係るものとに区分するといった対応が必要となる。具体的には、以下のように、一枚の請求書に 2 つの期間に係る取引を区分して記載する方法がある（インボイス Q&A 問 67）。

176

図表 4−5 ●2 つの期間に係る取引を区分して記載する方法

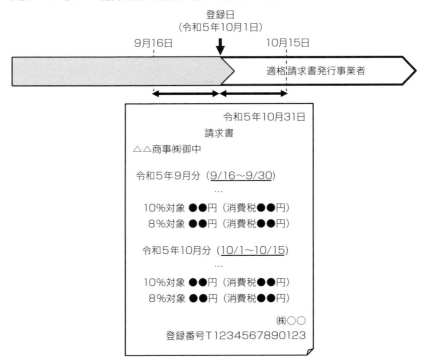

（出典） 国税庁「消費税の仕入税額控除制度における適格請求書等保存方式に関するQ&A（平成30年6月）」（令和4年11月改訂）問67

　また、登録日が令和5年10月1日（適格請求書等保存方式の開始日）である場合については、買手において登録日前後の課税仕入れがいずれも仕入税額控除の対象となることから、登録日をまたぐ請求書を適格請求書とするときは、登録日前後の課税資産の譲渡等を区分することなく請求書に記載して交付することも認められる（インボイスQ&A問67）。

第 4 章　適格請求書等保存方式の実務

図表 4-6 ●期間を区分することなく記載する方法

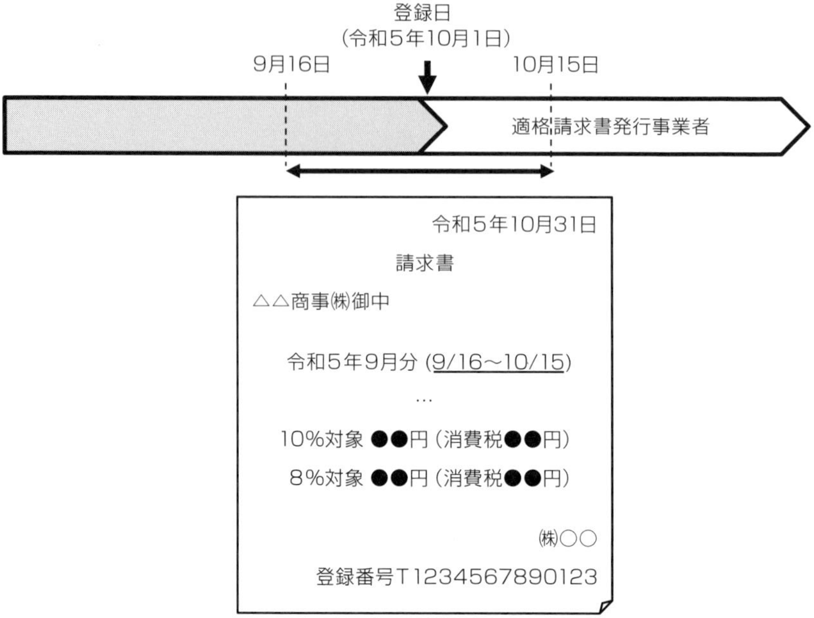

登録日
(令和5年10月1日)

9月16日　　　　　　　　　10月15日

適格請求書発行事業者

令和5年10月31日

請求書

△△商事㈱御中

令和5年9月分 (9/16〜10/15)

…

10%対象 ●●円 (消費税●●円)

8%対象 ●●円 (消費税●●円)

㈱○○

登録番号T1234567890123

(出典)　国税庁「消費税の仕入税額控除制度における適格請求書等保存方式に関する Q&A（平成
　　　　30 年 6 月）」（令和 4 年 11 月改訂）問 67

2 適格請求書発行事業者の義務

❶ 適格請求書の交付義務

　適格請求書発行事業者が負う義務のうち最も重要なものは、国内において課税資産の譲渡等を行ったときに、課税事業者である相手方からの求めに応じ、適格請求書を交付することである（新消法57の4①）。

　なお、❶❸でも述べたように、適格請求書発行事業者は、適格請求書の交付に代えて、電磁的記録により適格請求書に係る情報を提供することができる（新消法57の4⑤）。

　ただし、以下の取引は一般に適格請求書を交付することが困難であるため、適格請求書の交付義務が免除される（新消令70の9②）。

　ア．3万円未満の公共交通機関による旅客の運送（後述❷参照）

　イ．出荷者が卸売市場において行う生鮮食料品等の販売（出荷者から委託を受けた受託者が卸売の業務として行うものに限る）

　ウ．生産者が農業協同組合、漁業協同組合又は森林組合等に委託して行う農林水産物の販売（無条件委託方式かつ共同計算方式により生産者を特定せずに行うものに限る）

　エ．3万円未満の自動販売機及び自動サービス機により行われる商品の販売等

　オ．郵便切手類のみを対価とする郵便・貨物サービス（郵便ポストに差し出されたものに限る）

　さらに、免税取引、非課税取引及び課税対象外取引（不課税取引）のみを行った場合には、適格請求書の交付義務は生じない（インボイスQ&A問23（注）2）。

第4章　適格請求書等保存方式の実務

❷ 適格請求書の交付義務が免除される公共交通機関の特例

　適格請求書の交付義務が免除される公共交通機関の特例の対象となるのは、3万円未満の公共交通機関による旅客の運送で、以下のものを指す（新消令70の9②一、インボイスQ&A問35）。

ア．船舶による旅客の運送

　一般旅客定期航路事業（海上運送法2⑤）、人の運送をする貨物定期航路事業（同法19の6の2）、人の運送をする不定期航路事業（同法20②）（乗合旅客の運送をするものに限る）として行う旅客の運送（対外航路のものを除く）

イ．バスによる旅客の運送

　一般乗合旅客自動車運送事業（道路運送法3一イ）として行う旅客の運送

　ただし、路線不定期運行（空港アクセスバス等）及び区域運行（旅客の予約等による乗合運行）も対象となる。

ウ．鉄道・軌道による旅客の運送

　鉄道：第一種鉄道事業（鉄道事業法2②）、第二種鉄道事業（同法2③）として行う旅客の運送

　軌道（モノレール等）：軌道法第3条に規定する運輸事業として行う旅客の運送

❸ 自動販売機及び自動サービス機の範囲

　適格請求書の交付義務が免除される自動販売機及び自動サービス機の範囲は、代金の受領と資産の譲渡等が自動で行われる機械装置であって、その機械装置のみで代金の受領と資産の譲渡等が完結するものであると解されている（消規26の6一、インボイス通達3-11）。したがって、飲物の自動販売機のほか、コインロッカーやコインランドリー等によるサービスのように、機械装置のみにより代金の受領と資産の譲渡等が完結するものもこれに該当

180

する（インボイスQ&A問40）。また、金融機関のATM利用に係る手数料も、適格請求書の交付義務が免除される自動サービス機に該当する（インボイスQ&A問40）。

　一方で、スーパーやコンビニエンスストアに設置されたセルフレジのように、機械装置により単に精算が行われているだけのものや、食堂に設置される自動券売機のように、代金の受領と券類の発行は当該機械装置で行われているものの資産の譲渡等は別途行われるようなもの及びネットバンキングのように機械装置で資産の譲渡等が行われないものは、上記自動販売機及び自動サービス機の範囲には含まれないこととなる（インボイスQ&A問40）。現在、スーパーやコンビニエンスストアに設置されたセルフレジにおいては、通常、精算が終了すると自動的にレシートが発行されるが、当該レシートは適格請求書の要件を満たす必要があるということになる。

　さらに、コインパーキングの代金やネットバンキングの手数料は、適格請求書の交付義務が免除される自動サービス機の範囲には含まれないので、注意を要する（インボイスQ&A問40）。

❹ 誤った適格請求書を交付した場合

　適格請求書発行事業者は、その交付した適格請求書（電磁的記録により提供した場合も含む）の記載事項に誤りがあった場合には、交付の相手方（課税事業者に限る）に対して修正した適格請求書を交付しなければならない（新消法57の4④⑤、インボイスQ&A問29）。区分記載請求書等保存方式の場合には、追記による補正が認められていたが（第2章❹参照）、これはあくまで暫定的なルールであり、適格請求書等保存方式においては認められないので、注意を要する。

　なお、買い手である課税事業者が作成した一定事項の記載のある仕入明細書等の書類で、売手である適格請求書発行事業者の確認を受けたものについても、仕入税額控除の適用のために保存が必要な請求書等に該当するので

第4章　適格請求書等保存方式の実務

（新消法 30 ⑨三）、買手において適格請求書の記載事項の誤りを修正した仕入明細書等を作成し、売手である適格請求書発行時業者の確認を受けた上で、その仕入明細書等を保存することもできる（インボイス Q&A 問 82）。

❺ 適格請求書等保存方式の下での仕入税額控除要件

　適格請求書等保存方式の下では、一定の事項が記載された帳簿及び請求書等の保存が仕入税額控除の要件となる（新消法 30 ⑦）。

　保存すべき請求書等には、適格請求書のほか、以下の書類も含まれる（新消法 30 ⑨）。

ア．適格簡易請求書

イ．適格請求書及び適格簡易請求書の記載事項に係る電磁的記録

ウ．適格請求書の記載事項が記載された仕入明細書、仕入計算書その他これに類する書類（課税仕入れの相手方の確認を受けたものに限る）

　　なお、書類の記載すべき事項に係る電磁的記録を含む

エ．以下の取引について、媒介又は取次ぎに係る業務を行う者が作成する一定の書類（書類に記載すべき事項に係る電磁的記録を含む）

１）卸売市場において出荷者から委託を受けて卸売の業務として行われる生鮮食料品等の販売

２）農業協同組合、漁業協同組合又は森林組合等が生産者（組合員等）から委託を受けて行う農林水産物の販売（無条件委託方式かつ共同計算方式によるものに限る）

　一方で、請求書等の交付を受けることが困難である等の理由により、以下の取引については、一定の事項を記載した帳簿のみの保存で仕入税額控除を受けることができる（後述❺❷参照、新消法 30 ⑦、新消令 49 ①、新消規 15 の 4）。

182

ア	公共交通機関特例の対象として適格請求書の交付義務が免除される3万円未満の公共交通による旅客の運送
イ	適格簡易請求書の記載事項（取引年月日を除く）が記載されている入場券等が使用の際に回収される取引（アに該当するものを除く）
ウ	古物営業を営む者の適格請求書発行事業者でない者からの古物（古物営業を営む者の棚卸資産に該当するものに限る）の購入
エ	質屋を営む者の適格請求書発行事業者でない者からの質物（質屋を営む者の棚卸資産に該当するものに限る）の取得
オ	宅地建物取引業を営む者の適格請求書発行事業者でない者からの建物（宅地建物取引業を営む者の棚卸資産に該当するものに限る）の購入
カ	適格請求書発行事業者でない者からの再生資源及び再生部品（購入者の棚卸資産に該当するものに限る）の購入
キ	適格請求書の交付義務が免除される3万円未満の自動販売機及び自動サービス機からの商品の購入等
ク	適格請求書の交付義務が免除される郵便切手類のみを対価とする郵便・貨物サービス（郵便ポストに差し出されたものに限る）
ケ	従業員に支給する通常必要と認められる出張旅費（出張旅費、宿泊費、日当及び通勤手当）

❻ 適格請求書発行事業者でなくなった後の義務

　適格請求書発行事業者が適格請求書発行事業者でなくなった後において、適格請求書発行事業者であった課税期間において行った課税資産の譲渡等につき、その譲渡等を受ける他の事業者（新消費税法第57条の4第1項に規定する「他の事業者」をいう）から当該課税資産の譲渡等に係る適格請求書の交付を求められたときは、当該他の事業者にこれを交付しなければならない（インボイス通達3-6）。

❼ 委託販売の場合

　委託者が取引先を受託者として商品の委託販売を行っているときにおいて、販売した商品の納品書を取引先（受託者）が購入者に交付している場合、当該納品書を適格請求書として使用することは可能であろうか。

　このような場合、本来は、購入者に商品を販売している委託者が適格請求

書を交付しなければならない。しかし、受託者である取引先が委託者の代理で、委託者の氏名・名称及び登録番号を記載した適格請求書を、購入者に交付することも認められている（代理交付）。

図表4-7 ●委託販売の場合（代理交付）

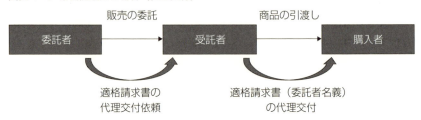

また、以下の2要件を満たすことにより、媒介又は取次ぎを行う者である受託者が、委託者の課税資産の譲渡等につき、自己の氏名又は名称及び登録番号を記載した適格請求書又は適格請求書に係る電磁的記録を、委託者に代わって購入者に交付し、又は提供することができる（媒介者交付特例、新消令70の12①）。

　ア．委託者及び受託者が適格請求書発行事業者であること
　イ．委託者が受託者に、自己が適格請求書発行事業者の登録を受けている旨を取引前までに通知していること

図表4-8 ●委託販売の場合（媒介者交付特例）

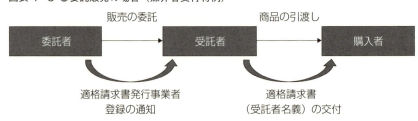

なお、上記「媒介者交付特例」を適用する場合における受託者の対応及び委託者の対応は、以下のとおりである。

＜受託者の対応（新消令70の12①③）＞
　ア．交付した適格請求書の写し又は提供した電磁的記録を保存する。

イ．交付した適格請求書の写し又は提供した電磁的記録を速やかに委託者に交付又は提供する。

＜委託者の対応（新消令70の12④）＞

ア．自己が適格請求書発行事業者でなくなった場合、その旨を速やかに受託者に通知する。

イ．委託者の課税資産の譲渡等について、受託者が委託者に代わって適格請求書を交付していることから、委託者においても、受託者から交付された適格請求書の写しを保存する。

上記媒介者交付特例に係る取引図及び受託者が委託者に適格請求書の写しとして交付する書類の記載例を示すと、以下のとおりとなる。

図表4-9 ●媒介者交付特例に係る取引図

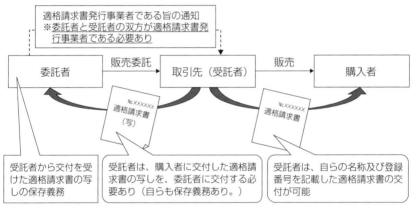

（出典）　国税庁「消費税の仕入税額控除制度における適格請求書等保存方式に関するQ&A」（平成30年6月）（令和4年11月改訂）問41を一部改変

図表4-10 ●受託者が委託者に適格請求書の写しとして交付する書類(委託販売精算書)の記載例

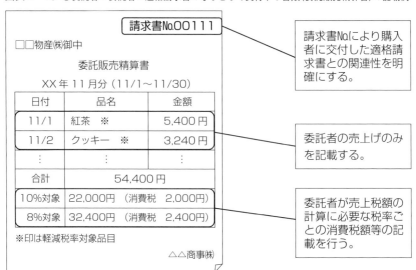

(出典) 国税庁「消費税の仕入税額控除制度における適格請求書等保存方式に関するQ&A」(平成30年6月)(令和4年11月改訂)問41を一部改変

❽ 家事共用資産と共有物の取扱い

個人事業者が家事共用資産を譲渡する場合には、家事使用部分と事業用部分とを合理的に区分した上で、事業用部分の取引金額を基に適格請求書に記載すべき金額等を計算することとなる(インボイス通達3-4)。

<事例>
- 中古車両(未償却残高240,000円)を220,000円で売却した
- 事業共用割合は60%

  消費税額 = 220,000円 × 60% × $\frac{10}{110}$ = 12,000円

また、個人事業者が家事共用資産を取得する場合には、その使用率や使用面積割合のような合理的な基準により、消費税額又は課税仕入高を区分した上で、事業用部分だけを仕入税額控除の計算に取り込むこととなる(インボイス通達4-1)。

さらに、適格請求書発行事業者が、適格請求書発行事業者ではない共同所有者とともに共有物（建物など）の譲渡又は貸付けを行う場合には、対価の額を持分割合などで合理的に区分した上で、自らの適格請求書を発行する必要がある（インボイス通達3-5）。

❾ 立替金と口座振替家賃の取扱い

従業員等、他の者が立替払いした経費などの精算については、当該他の者が受領した適格請求書のコピーとともに、立替金精算書等の書類の保存を要件に仕入税額控除が認められることとなる。この場合、立替払いを行う者が適格請求書発行事業者であるかどうかは問われず、売上げた者が適格請求書発行事業者であれば、仕入税額控除を行うことができる（インボイスQ&A問84）。

図表4-11 ●立替払いの取引図

なお、適格請求書のコピーが大量になるなど、事務的理由等によりコピーを交付することが困難となる事情がある場合には、立替金精算書等の書類の保存のみでよいこととされている（インボイス通達4-2）。

また、口座振替や振込により決済される家賃については、登録番号などの必要事項が記載された契約書とともに、銀行の発行した振込金受取書を保存することにより、請求書等の保存があるものとして、仕入税額控除の要件を満たすこととなる（インボイスQ&A問85）。

なお、適格請求書等保存方式が導入される令和5（2023）年9月30日以前からの契約について、契約書に登録番号等の適格請求書として必要な事項の記載が不足している場合には、別途、登録番号等の不足する記載事項の通

第4章　適格請求書等保存方式の実務

知を受け、契約書とともに保存していれば問題ないものとされている（イン
ボイス Q&A 問 85（参考））。

❿ 適格請求書類似の書類等の交付禁止

　適格請求書発行事業者は、偽りの記載をした適格請求書又は適格簡易請求
書、適格請求書又は適格簡易請求書の記載事項に係る電磁的記録に類似する
ものにつき、交付及び提供が禁止されている（新消法 57 の 5）。

　また、適格請求書発行事業者以外の事業者は、適格請求書発行事業者が作
成した適格請求書又は適格簡易請求書と誤認される恐れのある書類、適格請
求書又は適格簡易請求書の記載事項に係る電磁的記録に類似するものにつ
き、交付及び提供が禁止されている（新消法 57 の 5）。

　上記規定に違反した場合には、1 年以下の懲役又は 50 万円以下の罰金に
処される（新消法 65 四）。

⓫ 適格請求書の写しの保存期間

　適格請求書発行事業者は、交付した適格請求書、適格簡易請求書もしくは
適格返還請求書の写し及び提供した適格請求書等に係る電磁的記録の保存義
務がある（新消法 57 の 4⑥）。

　当該適格請求書等の写し及び電磁的記録については、交付した日又は提供
した日の属する課税期間の末日の翌日から 2 か月を経過した日から 7 年間に
渡り、納税地又はその取引に係る事務所、事業所その他これらに準ずるもの
の所在地に保存する必要がある（新消令 70 の 13①）。

188

3 適格返還請求書の記載事項

❶ 適格返還請求書の意義

　適格返還請求書とは、適格請求書発行事業者が、返品や値引き、販売奨励金等により課税事業者に対して売上に係る対価の返還等を行う場合において、交付することが義務付けられている請求書をいう（新消法57の4③）。

❷ 適格返還請求書の記載事項

　適格返還請求書の記載事項は以下のとおりである。

ア．適格請求書発行事業者の氏名又は名称及び登録番号

イ．売上に係る対価の返還等を行う年月日及びその売上に係る対価の返還等の基となった課税資産の譲渡等を行った年月日

ウ．売上に係る対価の返還等の基となる課税資産の譲渡等に係る資産又は役務の内容（それが軽減税率対象品目である場合には、その品目の内容及びその旨）

エ．売上に係る対価の返還等の税抜価額又は税込価額を税率ごとに区分して合計した金額

オ．売上に係る対価の返還等の金額に係る消費税額等又は適用税率

適格返還請求書の具体的な記載例を示すと次頁のとおりとなる。

図表4−12 ●適格返還請求書（販売奨励金支払明細書）の具体的な記載例

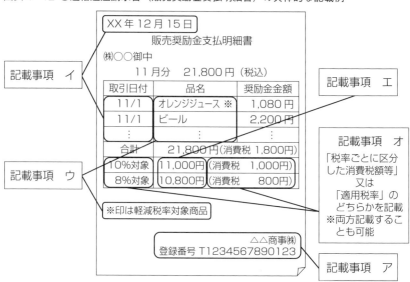

（出典） 国税庁「消費税の仕入税額控除制度における適格請求書等保存方式に関するQ&A（平成30年6月）」（令和4年11月改訂）問51を一部改変

❸ 適格請求書と適格返還請求書を一の書類で交付する場合

　取引先との間で、取引高に応じて販売奨励金を支払う契約を締結するケースもよくみられるが、当該販売奨励金は売上に係る対価の返還等に該当する。そのため、その際交付される販売奨励金の支払明細書等は、適格返還請求書に該当することとなる。

　この場合において、一枚の請求書に、適格請求書と適格返還請求書それぞれの必要とされる記載事項を記載し、交付することも可能である。

　例えば、当月販売した商品につき、適格請求書として必要な事項を記載するとともに、前月分の販売奨励金について、適格返還請求書として必要な事項を記載すれば、1枚の請求書で交付するという方法も取り得る。当該方法による具体的な記載例を示すと次頁のとおりとなる。

3 適格返還請求書の記載事項

図表 4-13 ●適格請求書と適格返還請求書とを一枚の請求書にまとめた場合の記載例

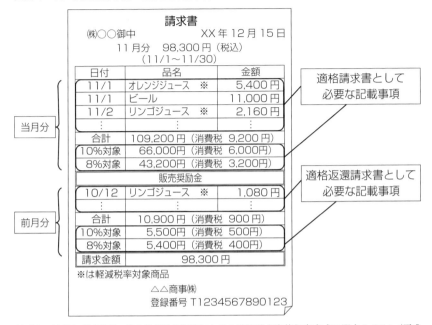

(出典) 国税庁「消費税の仕入税額控除制度における適格請求書等保存方式に関するQ&A（平成30年6月）」(令和4年11月改訂) 問53を一部改変

第4章　適格請求書等保存方式の実務

4 税額の計算方法

❶ 売上税額の計算

　課税標準額に対する消費税額は、税率の異なるごとに区分した税込み課税売上高を割り戻して課税標準額を計算し、それぞれに該当する税率を乗じて売上税額を計算する（総額割戻し方式、新消法 45 ①）。総額割戻し方式による消費税額の計算例は以下のとおりとなる。

○　総額割戻し方式による消費税額の計算例

〈適用税率ごとの課税標準額〉

　　ア．標準税率の課税資産の譲渡等の税込合計額 $\times \dfrac{100}{110} =$ 標準税率の課税標準額（千円未満切捨て）

　　イ．軽減税率の課税資産の譲渡等の税込合計額 $\times \dfrac{100}{108} =$ 軽減税率の課税標準額（千円未満切捨て）

〈その課税期間の課税標準額に対する消費税額〉

　　ア．標準税率の課税標準額 $\times 7.8\%$

　　イ．軽減税率の課税標準額 $\times 6.24\%$

　　・その課税期間の課税標準額に対する消費税額 ＝ ア ＋ イ

　ただし、適格請求書発行事業者が、交付した適格請求書又は適格簡易請求書の写しを保存している場合（電磁的記録の保存を含む）には、これらの書類に記載した消費税額等を積み上げて課税標準額に対する消費税額を計算することができる（適格請求書等積上げ方式、新消法 45 ⑤、新消令 62）。適格請求書等積上げ方式による消費税額の計算例は以下のとおりとなる。

192

○ 適格請求書等積上げ方式による消費税額の計算例

〈適格請求書等ごとの消費税額〉

・交付・保存した適格請求書等に記載された消費税額等の額 $\times \dfrac{78}{100}$ ……ウ

〈その課税期間の課税標準額に対する消費税額〉

・その課税期間のウの合計額

なお、上記の割戻し計算と積上げ計算は、取引先単位又は事業単位で併用することもできる（インボイス通達3-13）。

さらに、旧消費税法施行規則第22条第1項の経過措置（税抜価格を前提に一取引単位の消費税額を積み上げて計算する方法、積上げ計算の特例）は令和5（2023）年10月1日をもって廃止される。

❷ 仕入税額の計算

課税仕入れに係る消費税額は、適格請求書及び適格簡易請求書（電磁的記録を含む）に記載された消費税額等を積み上げて計算することとなる（請求書等積上げ方式、新消法30①、新消令46①）。請求書等積上げ方式による課税仕入れに係る消費税額の計算例は以下のとおりとなる。

○ 請求書等積上げ方式による課税仕入れに係る消費税額の計算例

〈課税仕入れごとの消費税額〉

・交付を受け保存する適格請求書等に記載された消費税額等の額 $\times \dfrac{78}{100}$ …エ

〈その課税期間の課税仕入れに係る消費税額〉

・その課税期間のエの合計額

ただし、税込み金額の記載だけで消費税額等の記載がない適格簡易請求書、帳簿の保存だけで仕入税額控除が認められる旅費や郵便切手の購入代金等は、支払金額を割り戻して消費税額等を計算し、1円未満の端数を税率の異なるごとに切捨て又は四捨五入する必要がある（新消令46①二、六）。

当該割戻し計算は、適格請求書などに消費税額等が記載されている場合も

第4章　適格請求書等保存方式の実務

含め、取引の都度採用することができる。したがって、実務上、割戻し計算と積上げ計算は併用されることとなる（新消令46②、インボイス通達4－3、4－4）。

　また、売上税額の計算につき、税込み課税売上高から割戻し計算（総額割戻し方式）を行っている事業者に限り、課税仕入れに係る支払対価の額を税率の異なるごとに区分した金額の合計額にそれぞれの税率を乗じて、課税仕入れに係る消費税額を計算することが認められている（総額割戻し方式、新消令46③）。総額割戻し方式による課税仕入れに係る消費税額の計算例は以下のとおりとなる。

〈適用税率ごとの消費税額〉

　ア．標準税率の課税仕入れに係る支払対価の額の合計額 $\times \dfrac{7.8}{110}$

　イ．軽減税率の課税仕入れに係る支払対価の額の合計額 $\times \dfrac{6.24}{108}$

〈その課税期間の課税仕入れに係る消費税額〉

　・課税仕入れに係る消費税額＝ア＋イ

❸ 消費税額の計算方法のまとめ

　上記❶❷を表にまとめると次頁のとおりとなる。

図表 4−14 ●消費税額の計算方法のまとめ

売上税額の計算	原則：総額割戻し方式 税込み課税売上高 $\times \dfrac{100}{110}\left(\dfrac{100}{108}\right)$ ＝課税標準額（千円未満切捨て） 課税標準額 $\times 7.8\%(6.24\%)$ ＝売上税額
	特例：適格請求書等積上げ方式 適格請求書等に記載された消費税額等 $\times \dfrac{78}{100}$ ＊＝売上税額 Σ売上税額＝売上税額の合計額
仕入税額の計算	原則：請求書等積上げ方式 適格請求書等に記載された消費税額等 $\times \dfrac{78}{100}$ ＊＝仕入税額 Σ仕入税額＝仕入税額の合計額
	特例：総額割戻し方式 税込み課税仕入高の課税期間中の合計額 $\times \dfrac{7.8}{100}\left(\dfrac{6.24}{108}\right)$ ＝仕入税額 ＜売上税額で総額割戻し方式を採用している場合に限り適用可＞

（＊） 軽減税率導入後は、10％及び8％のいずれの合計税率においても国税（消費税）と地方税（地方消費税）の比率は78：22となるので、仮払消費税等の額の $\dfrac{78}{100}$ 相当額が国税部分の金額となる。

第4章　適格請求書等保存方式の実務

5 帳簿の記載事項

❶ 帳簿の記載事項

　令和5（2023）年10月1日から導入される適格請求書等保存方式の下でも、帳簿及び請求書等の保存が要件とされている。適格請求書等保存方式の下における保存すべき帳簿の記載事項については以下のとおりで、区分記載請求書等保存方式の下での帳簿の記載事項と同様であり、相手方の登録番号の記載は不要である（新消法30⑧）。

　　ア．相手方の氏名又は名称

　　イ．課税仕入れを行った年月日

　　ウ．課税仕入れに係る資産又は役務の内容（軽減税率対象品目の場合、その内容及びその旨）

　　エ．課税仕入れに係る支払対価の額

　なお、帳簿に記載する課税仕入れの相手方の氏名又は名称は、取引先コード等の記号・番号等による表示でも問題ない。

　また、課税仕入れに係る資産又は役務の内容についても、商品コード等の記号・番号等による表示で問題ないが、この場合、課税資産の譲渡等であるか、また、軽減対象資産の譲渡等に係るものであるときは、軽減対象資産の譲渡等に係るものであるかどうかが明確に判別できるものである必要がある（インボイス通達4-5）。

❷ 帳簿のみの保存により仕入税額控除が認められる場合

　以下に掲げる課税仕入れは、その課税仕入れを行った事業者において一定の事項が記載された帳簿の保存のみで仕入税額控除が認められるため、適格請求書等の保存を省略することができる（新消令49①⑦、新消規15の4、

196

インボイス通達 4 - 9、4 - 10)。

図表 4-15 ●帳簿のみの保存により仕入税額控除が認められる場合

ア	適格請求書の交付義務が免除される公共交通料金（3万円未満のものに限る）
イ	適格簡易請求書の要件を満たす入場券等が使用の際に回収されるもの
ウ	古物営業を営む者が適格請求書発行事業者ではない者から買い受ける販売用の古物
エ	質屋を営む者が適格請求書発行事業者ではない者から買い受ける販売用の質草
オ	宅地建物取引業を営む者が適格請求書発行事業者ではない者から買い受ける販売用の建物（土地は非課税）
カ	適格請求書発行事業者ではない者から買い受ける販売用の再生資源又は再生部品
キ	自動販売機・自動サービス機による販売（3万円未満のものに限る）
ク	郵便配達のための郵便切手類
ケ	出張旅費、宿泊費、日当、転勤支度金
コ	通勤手当

❸ 仕入計算書及び仕入明細書

デパートと問屋との間の取引においては、買手であるデパートが、納品された商品のうち実際に売れた商品についてだけ問屋からの仕入れを計上するという取引形態ないし取引慣行がある。これを売上仕入又は消化仕入という。

この取引形態の場合、デパートの店頭に存在する商品であっても、販売されるまではその所有権は取引先（問屋）にあり、商品の販売価格決定権についても原則的に取引先が有することとなる。一方、デパートは通常、在庫リスク及び保管責任を負わないことになる。

図表 4-16 ●デパートと問屋との関係

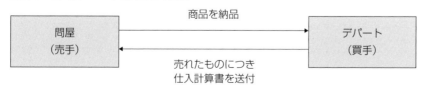

第4章　適格請求書等保存方式の実務

　この場合、売手側である問屋からは請求書等の書類は発行されず、買手側であるデパートが仕入明細書等の書類を発行し、売手側の確認を受けるという流れになる。そこで、本来であれば売手側で発行する書類を適格請求書等とすべきところ、このような取引の場合には、仕入明細書や仕入計算書など仕入側が発行する書類についても、以下の事項が記載されているものであれば、仕入税額控除の要件を満たす「請求書等」と取り扱われる（新消法30⑨三、新消令49④）。

　　ア．仕入計算書等の発行者の氏名・名称

　　イ．課税仕入れの相手方の氏名・名称及び登録番号

　　ウ．取引年月日

　　エ．取引内容（軽減対象品目である場合にはその旨）

　　オ．税率区分ごとの支払金額（税込）及び適用税率

　　カ．消費税額等

6 適格請求書発行事業者が死亡した場合の実務

❶ 適格請求書発行事業者が死亡した場合

　適格請求書発行事業者である個人事業者が死亡した場合には、その相続人は、「個人事業者の死亡届出書（第7号様式）」のほかに、「適格請求書発行事業者の死亡届出書」を税務署長に提出する必要がある（消法57の3①）。当該届出書の記載例は次頁のとおりである。

❷ 適格請求書発行事業者登録の効力

　適格請求書発行事業者が死亡した場合、その登録の効力であるが、相続人が当該事業を承継するか否かにより異なる。

ア．事業を承継した相続人がいる場合

　まず、被相続人の事業を承継した相続人がいる場合には、相続人のみなし登録期間の末日の翌日以降に失効することとなる（新消法57の3③④）。すなわち、みなし登録期間中は相続人を適格請求書発行事業者とみなし、被相続人の登録番号を相続人の登録番号とみなすということである。

　ここでいう「みなし登録期間」とは、相続のあった日の翌日から以下のいずれか早い日までの期間をいう（新消法57の3③）。

　　1）相続人が登録を受けた日の前日

　　2）被相続人の死亡の日の翌日から4か月を経過する日

第4章　適格請求書等保存方式の実務

第4号様式

適格請求書発行事業者の死亡届出書

令和 7年 3月 1日	届　出　者	（フリガナ）	トシマクヒガシイケブクロ		
（収受印）		住所又は居所	（〒170−0013） 豊島区東池袋5-6-7		
			（電話番号　　03−6666−××××）		
		（フリガナ）	サイトウ　ジロウ		
		氏　　　　名	斎藤　二郎		
豊島　税務署長殿		個　人　番　号	1 2 3 4 5 6 7 8 9 0 1 2		

　下記のとおり、適格請求書発行事業者が死亡したので、消費税法第57条の3第1項の規定により届出します。

死　亡　年　月　日			令和　　7年　　2月　　10日		
死亡した適格請求書発行事業者	納　税　地	（フリガナ）	トシマクヒガシイケブクロ		
			（〒170−0013） 豊島区東池袋5-6-7		
	氏　　　　名	（フリガナ）	サイトウ　ヤスコ		
			斎藤　保子		
	登　録　番　号	T	9 8 7 6 5 4 3 2 1 0 1 2 3		

届出者と死亡した適格請求書発行事業者との関係	長男
相続による届出者の事業承継の有無	適格請求書発行事業者でない場合は、有無のいずれかを○で囲んでください。 有　・　（無）
参　考　事　項	
税　理　士　署　名	田中　次郎 （電話番号　03−5555−××××）

※税務署処理欄	整理番号		部門番号		届出年月日	年　　月　　日
	入力処理	年　月　日	番号確認	身元確認	□ 済 □ 未済	確認書類　個人番号カード／通知カード・運転免許証 その他（　　　）

注意　1　記載要領等に留意の上、記載してください。
　　　2　税務署処理欄は、記載しないでください。

200

図表4-17 ●みなし登録期間

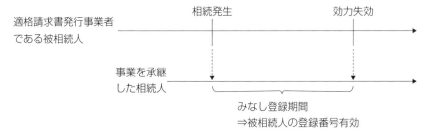

　また、相続人がみなし登録期間中に登録申請書を提出した場合、みなし登録期間の末日までに登録又は処分の通知がない時は、通知が相続人に到達するまでの期間は「みなし登録期間」とみなされ、適格請求書の交付は被相続人の登録番号によることとなる（新消令70の6②）。

図表4-18 ●みなし登録期間の延長

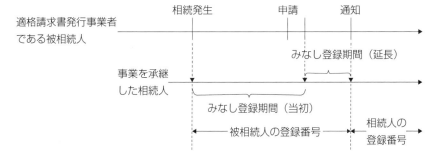

イ．事業を承継した相続人がいない場合

以下のいずれか早い日に失効することとなる（新消法57の3②）。

1）適格請求書発行事業者が死亡した旨を記載した届出書の提出日の翌日
2）被相続人の死亡の日の翌日から4か月を経過した日

❸ 合併等の場合における登録の効力

　被合併法人や分割法人が受けた適格請求書発行事業者の登録の効力は、合併法人や分割承継法人には引き継がれない。そのため、合併法人や合併承継

法人が適格請求書発行事業者の登録を受けようとするときは、新たに登録申請書を提出する必要がある（インボイス通達2-7）。

❹ 被相続人が登録取消しの届出書を提出後に死亡した場合

被相続人が登録取消しの届出書を提出後に死亡した場合、みなし登録期間中は、相続人を適格請求書発行事業者とみなし、被相続人の登録番号を相続人の登録番号とみなすこととなる（新消令70の7）。

みなし登録期間が終了すると登録の効力も失効するが、当該みなし登録期間は相続のあった日の翌日から以下のいずれか最も早い日までの期間となる。

1）相続人が登録を受けた日の前日
2）被相続人の死亡の日の翌日から4か月を経過する日
3）登録取り消しの届出書による効力失効日の前日

図表4-19 ●被相続人が登録取消しの届出書を提出後に死亡した場合

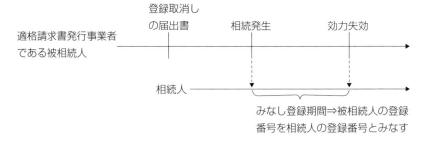

❺ 相続人が免税事業者の場合

被相続人が適格請求書発行事業者で、相続人が免税事業者の場合、みなし登録期間の初日の前日において保有する棚卸資産に係る消費税額を課税仕入れ等の税額に加算することができる（新消令70の8①）。

6 適格請求書発行事業者が死亡した場合の実務

❻ 相続人が免税事業者になる場合

　被相続人が適格請求書発行事業者で、相続人がみなし登録期間の末日の翌日から免税事業者になる場合、みなし登録期間の初日の前日において保有する棚卸資産のうち、みなし登録期間中に仕入れた棚卸資産に係る消費税額は、課税仕入れ等の税額から控除することとなる（新消令70の8②）。

第5章

適格簡易請求書の実務

適格簡易請求書の概要

　軽減税率採用に伴う仕入税額控除の適正化のため導入される適格請求書（インボイス）制度であるが、現行制度と比較すると格段に事業者の事務負担が増加する。しかも、事業者等が偽りの請求書を発行した場合には、罰則が適用される点でも、現行制度と比較するとより厳格な制度であるといえる（第4章❷❿参照）。

　ところが、不特定多数の者に対して商品の販売等を行う小売業（スーパーやコンビニ等）、飲食業、タクシー業等については、取引の相手方（買手）の情報を得ることが容易でないケースも多く、適格請求書の要件を全て満たすことが困難である事態も想定される。

　そこで、不特定多数の者に対して商品の販売等を行う小売業、飲食店業、写真業、旅行業、タクシー業又は駐車場業等については、適格請求書の記載事項を比較的簡易なものとした、「適格簡易請求書」によることもできることとされた（新消法57の4②、新消令70の11）。

　このような考え方はEUにおいても採用されており、VAT指令によれば、加盟国は請求金額が100ユーロ（又はそれに相当する各国通貨換算額）以下の少額請求書と、EU VAT指令219条に規定される特定の請求書を修正する請求書については、簡易インボイス（simplified invoice）によることができる、とされている（EU VAT指令220a条）。

2 適格簡易請求書の記載事項

適格簡易請求書の記載事項は以下のとおりである（新消法57の4②）。

① 適格請求書発行事業者の氏名又は名称及び登録番号
② 取引年月日
③ 取引の内容（軽減対象品目である場合にはその旨）
④ 税率ごとに合計した対価の額（税込又は税抜）
⑤ 上記④に対する消費税額又は適用税率

なお、上記⑤の「消費税額又は適用税率」は、両方共記載することもできる（インボイスQ&A問49）。

適格簡易請求書の記載例は以下のとおりである。

図表5-1 ●上記⑤に関し、適用税率のみを記載する場合

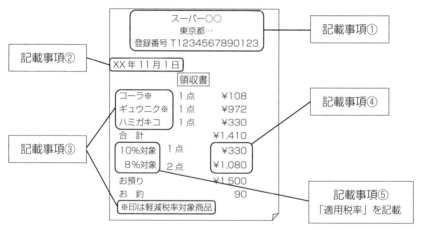

（出典） 国税庁「消費税の仕入税額控除制度における適格請求書等保存方式に関するQ&A」平成30年6月（令和4年11月改訂）問49

適格簡易請求書の記載事項

図表5-2 ●上記⑤に関し、税率ごとに区分した消費税額等のみを記載する場合

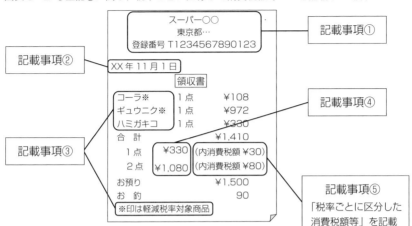

(出典) 国税庁「消費税の仕入税額控除制度における適格請求書等保存方式に関するQ&A」平成30年6月（令和4年11月改訂）問49

第 5 章　適格簡易請求書の実務

3　適格請求書との相違点

　適格請求書と適格簡易請求書の記載事項に関する比較表は以下のとおりである。

図表 5−3 ●適格請求書と適格簡易請求書の記載事項に関する比較

適格請求書	適格簡易請求書
①　適格請求書発行事業者の氏名又は名称及び登録番号	①　適格請求書発行事業者の氏名又は名称及び登録番号
②　課税資産の譲渡等を行った年月日	②　課税資産の譲渡等を行った年月日
③　課税資産の譲渡等に係る資産又は役務の内容（課税資産の譲渡等が軽減対象資産の譲渡等である場合には、資産の内容及び軽減対象資産の譲渡等である旨）	③　課税資産の譲渡等に係る資産又は役務の内容（謎税資産の譲渡等が軽減対象資産の譲渡等である場合には、資産の内容及び軽減対象資産の譲渡等である旨）
④　課税資産の議渡等の税抜価額又は税込価額を税率ごとに区分して合計した金額及び適用税率	④　課税資産の譲渡等の税抜価額又は税込価額を税率ごとに区分して合計した金額
⑤　税率ごとに区分した消費税額等	⑤　税率ごとに区分した消費税額等又は適用税率
⑥　書類の交付を受ける事業者の氏名又は名称	

（出典）　国税庁「消費税の仕入税額控除制度における適格請求書等保存方式に関する Q&A」平成 30 年 6 月（令和 4 年 11 月改訂）問 49

　上記の表から分かるとおり、両者の相違点は、

　　ア．適格簡易請求書は「書類の交付を受ける事業者の氏名又は名称」が不要であること

　　イ．適格簡易請求書は「税率ごとに区分した消費税額等」又は「適用税率」のいずれか一方の記載で足りること

　であり、適格簡易請求書の記載事項の方がやや簡素化されているということが言える。

4 一括値引きがある場合の適格簡易請求書の記載方法

　スーパー等の小売店において、飲食料品と飲食料品以外の資産を同時に譲渡し、割引券やクーポン等の利用により、その合計額から一括して値引きを行う場合、税率ごとに区分した値引き後の課税資産の譲渡等の対価の額に対して、それぞれ消費税が課されることとなる。

　そのため、スーパー等で発行する適格簡易請求書であるレシート等における「課税資産の譲渡等の税抜価額又は税込価額を税率ごとに区分して合計した金額」は、値引き後のものを明らかにする必要がある。

　その具体的な記載例は以下の方法が考えられる。

図表5-4 ●値引き後の「税込価額を税率ごとに区分して合計した金額」を記載する方法

```
        スーパー○○
東京都…
登録番号 T1234567890123
XX年11月1日
          領収書
  牛肉 ※       ¥2,160
  雑貨         ¥3,300
  小計         ¥5,460

   割引         ¥1,000
  合計         ¥4,460
① (10%対象 ¥2,696
        内消費税 ¥245)
  ( 8%対象 ¥1,764
        内消費税 ¥130)

※印は軽減税率対象商品
```

① 値引き後の税込価額を税率ごとに区分して合計した金額
　(注) 値引額は以下のとおり、資産の価額の比較であん分し、税率ごとに区分しています。
　　　10%対象：1,000×3,300/5,460≒604
　　　8%対象：1,000×2,160/5,460≒396
　　　また、値引き後の税込価額は次のとおり計算しています。
　　　10%対象：3,300−604＝2,696
　　　8%対象：2,160−396＝1,764

「消費税額等」は値引き後の税込価額から計算します。

・10%対象：$2,696 \times \frac{10}{110} = 245$
・ 8%対象：$1,764 \times \frac{8}{108} = 130$

システム対応時に要チェック

(出典) 国税庁「消費税の仕入税額控除制度における適格請求書等保存方式に関するQ&A」平成30年6月（令和4年11月改訂）問60を一部改変

図表5-5 ●値引き前の「税抜価額又は税込価額を税率ごとに区分して合計した金額」と税率ごとの値引き額を記載する方法

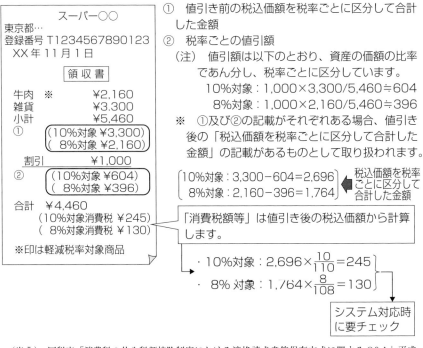

（出典） 国税庁「消費税の仕入税額控除制度における適格請求書等保存方式に関するQ&A」平成30年6月（令和4年11月改訂）問60を一部改変

5 税抜価額と税込価額が混在する場合の消費税額の記載方法

　スーパー等の小売店においてレジシステムで買い物客に発行されるレシートについて、一般の商品は税抜価額を記載しているが、たばこなどの一部の商品は税込価額を記載している場合がある。この場合、適格簡易請求書に記載する「課税資産の譲渡等の税抜価額又は税込価額を税率ごとに区分して合計した額」及び「税率ごとに区分した消費税額等」は、どのように算出すればよいのだろうか。

　このように、一の適格簡易請求書において、税抜価額を記載した商品と税込価額を記載した商品が混在する様な場合には、いずれかに統一して「課税資産の譲渡等の税抜価額又は税込価額を税率ごとに区分して合計した額」を記載するとともに、これに基づいて「税率ごとに区分した消費税額等」を算出して記載する必要がある（インボイスQ&A問50）。

　なお、適格請求書の記載事項である消費税額等に1円未満の端数が生じる場合は、一の適格請求書につき、税率ごとに1回の端数処理を行う必要がある（新消令70の10、インボイス通達3—12）。この取扱いについては、適格簡易請求書に消費税額の記載を行う場合についても同様である。

　例えば、税抜価額に統一する場合の適格簡易請求書の記載例は次頁のとおりである。

第5章　適格簡易請求書の実務

図表5-6　●税抜価額に統一する場合の適格簡易請求書の記載例

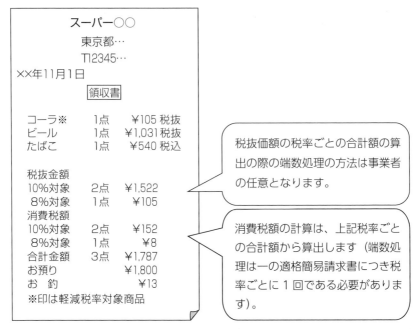

(出典)　国税庁「消費税の仕入税額控除制度における適格請求書等保存方式に関するQ&A」平成30年6月（令和4年11月改訂）問50

第6章

電子インボイスの導入

1 電子インボイスの概要

本章では、消費税法においてインボイス制度（適格請求書等保存方式）の導入に伴い、今後急速に普及が進むと予想される電子インボイスについて、以下でみていくこととする。

❶ 電子インボイス導入の背景

わが国における経済活動の情報化と ICT の飛躍的な発展に伴い、事業者間取引のペーパーレス化が急速に進行している。特に新型コロナウィルス感染拡大後は、ビジネスのあらゆる場面におけるデジタル化の推進が急務となっており、例えば、民間の会計情報システム会社 10 社は、2023（令和 5）年 10 月における消費税のインボイス制度導入を見据え、電子インボイスの規格統一や普及を目指して、2020 年 7 月に電子インボイス推進協議会（EIPA、代表幹事会社：弥生株式会社[1]）を設立している。また、電子インボイス推進協議会は、2020 年 12 月に、日本国内における電子インボイスの標準仕様を国際規格「Peppol（ペポル）[2]」に準拠して策定することを発表した。同協議会は現在、2022 年 10 月をめどに当該規格に準拠したシステム上で自動的に電子インボイスによるやり取りができるサービスを開始し、2023 年度中に全国での普及を目指すということである[3]。

さらに、2020 年 9 月に発足した菅政権は、政府や民間セクターの IT 化・デジタル化を強力に推進し、デジタル庁の新設（2021 年 9 月に発足）やマイナンバーカードの普及に注力している。そのような中、わが国の消費税法

---

[1] 2022 年 8 月 22 日現在で正会員 183 社となっている。
[2] 欧州やアジアの各国、オーストラリアなど 30 か国以上で利用されている国際的な標準規格で、電子請求書をネット上でやり取りするための文書の仕様や運用ルールが定められている。2020 年 12 月 14 日付日本経済新聞。
[3] 2020 年 12 月 14 日付日本経済新聞。

において2023年10月からインボイス制度（適格請求書等保存方式）が導入されることとなるが、当該制度の下では、仕入税額控除を適用するためには、原則として仕入先から交付されたインボイス（適格請求書・適格簡易請求書）を保存することが要件となる。

当該インボイスに関し、従来のように紙媒体で授受するのではなく、電子データでやり取りを行うこと、すなわち電子化・ペーパーレス化が進行すれば、事業者における業務の効率化とともに取引コストの削減が図られるため、将来非常に有望な施策であるといえる。現に、わが国における事業者間の電子商取引（EC）の規模は以下の統計のとおり既に大きな市場となっている。

図表6-1 ●わが国における事業者間電子商取引の市場規模の推移

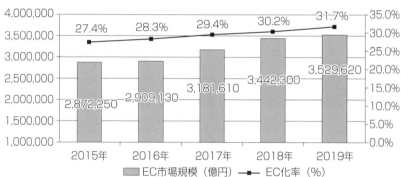

（出典）経済産業省「内外一体の経済成長戦略構築にかかる国際経済調査事情（電子商取引に関する市場調査）報告書」（令和2年7月）87頁

しかし、インドの大手調査会社の調査によれば、2019年における全世界の電子インボイス（e-invoicing）関連の市場は約48億4,000万ドルで、そのうちわが国のものは約1億6,000万ドルに過ぎず、未だ成長途上といわざるを得ない[4]。裏を返せば、わが国の電子インボイス関連事業は、それだけ将来有望な市場となり得るということになるだろう。したがって、われ

---

[4] The Insight Partners, *E-Invoicing Market Forecast to 2027*, Apr. 2020.

電子インボイスの概要

われ税務関連の実務家は、電子インボイスが普及すると消費税の実務にどのような影響を及ぼす可能性があるのか、今から検討し備えておくべきであるといえよう。

❷ 電子インボイスの信頼性確保のための要件

請求書のデジタル化・電子インボイスの普及を検討する際には、当該電子インボイスが満たすべき、その信頼性を担保するための要件をまず理解しておく必要があるだろう。その前提として、まず取引に関する文書（紙ベース）による請求処理のフローを確認すると、概ね以下の図のとおりとなる。

図表6-2 ●文書による取引のフロー概念図

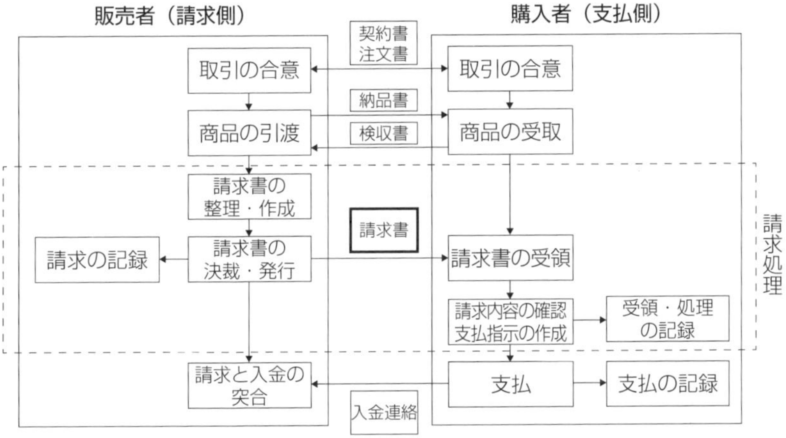

(出典) （公社）日本文書情報マネジメント協会「請求情報流通の運用手引き（第1版）」（令和3年3月22日）7頁

上記取引フローを踏まえ、請求書を電子化した場合、請求処理の信頼性を確保するために必要な要件を表にまとめると以下のとおりとなる。

219

第6章　電子インボイスの導入

図表6−3 ●電子インボイスにおける請求処理の信頼性を確保するために必要な要件

項目	特性	留意点	補足
①通信（交換）	信頼性	安全な経路	漏洩や改竄の予防と監視
		確実な授受	誤送信や受領モレの予防と監視
②発行・受領	完全性	必要情報の完備	処理目的に適した事実情報の整理と利用
		法的要件の充足	電子請求や適格請求書等保存方式の要件の遵法性の確保
		業務遂行の能力確保	業務手順の文書化や実務担当者の教育の実施
		業務品質の確保と是正	組織業務としての判断や承認、不備の是正
	真正性	請求側の正しさの表明	発行側の正しさを支払側へ保証
		支払側の正しさの検証	支払側が請求側の正しさを検証
③保存	信頼性	保存期間の維持	原本保管の必要な期間を充足
		保存内容の維持	原本として改変や削除が行われない管理
④監査	可読性	証跡としての速やかな取り出しと参照	関連する帳簿と連携し、必要な情報を検索して表示
		適正さを確認できる可視化	原本の適正さを人手もしくは機械処理による確認

（出典）（公社）日本文書情報マネジメント協会「請求情報流通の運用手引き（第1版）」（令和3年3月22日）18頁

　上記の表のとおり、電子インボイスの発行に際しては、その正確性・信頼性を確認できる仕組みやデータの完全性の確保などが必要となる。総務省は「インターネット上における人・組織・データ等の正当性を確認し、改ざんや送信元のなりすまし等を防止する仕組み（トラストサービス）の実現」に向けた包括的な検討のため、プラットフォームサービスに関する研究会の下にトラストサービス検討ワーキンググループを設置している。2019年11月28日の同ワーキンググループ最終とりまとめ（案）の中では、電子文書等が法人により発行されたことを示す「eシール[5]」の制度化が論点として取

---

[5] 電子文書の発信元の「組織」を証明する目的で行われる暗号化等の措置で、企業の「角印」の電子版に相当するものである。ただし、総務省のワーキンググループでも指摘されているとおり、eシール制度は電子署名やタイムスタンプと異なり、サービスの内容が未だ確立されておらず、企業実務における普及は進んでいない。

り上げられており、電子インボイスへの活用が期待されていることに触れている。

eシール制度の運用に係るフロートとそれに関する論点を図で示すと以下のとおりとなる。

図表6-4 ●eシール制度の運用に係るフロートとそれに関する論点

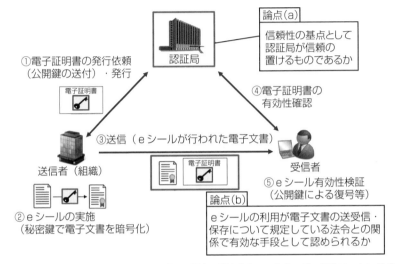

(出典) 総務省「プラットフォームサービスに関する研究会トラストサービス検討ワーキンググループ最終取りまとめ(案)」29頁

❸ 電子インボイスと電子保存法

税法上、電子インボイスに係るルールは、原則として電子保存法(電子帳簿保存法)に従う必要がある。電子保存法上、電子インボイス等の保存方法は以下の3つに分かれてくる。

ア．初めからコンピュータで作成した請求書等のデータの保存
　⇒オリジナルの電子データ(選択)
イ．紙媒体で作成した書類をスキャンして、データ化して保存する方法
　⇒スキャンした電子データ(選択)

ウ．電子取引でデータのやり取りした場合のデータの保存方法
　⇒オリジナルの電子データ（必須[6]）

これを図で示すと以下のとおりとなる。

図表6-5 ●電子保存法に基づく電子インボイス等の保存方法

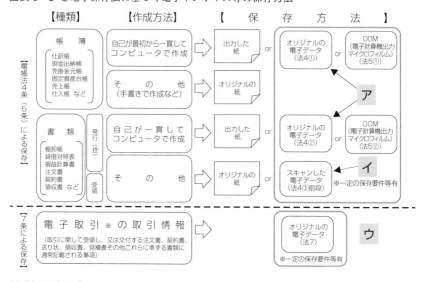

（出典）　国税庁「電子帳簿保存法一問一答」（令和4年6月）3頁を一部改変

---

[6] 令和4年度の税制改正で、令和5年12月31日までについては、電子取引に係るデータ保存につき、従来どおり出力した紙での保存も認められている（宥恕規定、令和3年改正電子帳簿保存法規則附則2③）。

2 電子インボイスの取扱い

❶ 電子インボイスと適格請求書

　2023年10月から導入されるインボイス制度（適格請求書等保存方式）の下では、電子インボイスはどのように取り扱われるのであろうか。例えば、請求書を取引先のインターネットを通じて電子データにより提供している場合、当該請求書は適格請求書と取り扱われるのであろうか。

　これについては、消費税法及び電子保存法[7]に規定がある。まず、電子保存法によれば、電子取引[8]の場合においては、当該インボイスは電子インボイス（電磁的記録、電子保存法2三）となる。また、消費税法によれば、適格請求書発行事業者が、課税資産の譲渡等を受ける他の事業者による事前承諾の有無を問わず[9]、紙ベースの適格請求書等（適格請求書・適格簡易請求書・適格返還請求書）の交付に代えて、それに記載すべき事項に係る電磁的記録を提供した場合、当該電磁的記録（電子インボイス）は適格請求書等と扱われることとなる（新消法57の4⑤）。したがって、適格請求書発行事業者が、適格請求書等に記載すべき事項に係る電磁的記録を請求書として提供した場合、当該請求書（電子インボイス）は適格請求書と取り扱われるのである。

---

[7] 正式名称は「電子計算機を使用して作成する国税関係帳簿書類の保存方法等の特例に関する法律」（平成10年法律第25号）である。

[8] 取引情報（取引に関して授受する注文書、契約書、送り状、領収書、見積書その他これらに準ずる書類に通常記載される事項をいう）の授受を電磁的方法により行う取引をいう（電子保存法2六）。

[9] 適格請求書等保存方式が導入された平成28年度の税制改正では、他の事業者の事前承諾が必要とされていた。しかし、その後の平成30年度の税制改正で、適格請求書等の記載事項に係る電磁的記録を受領した場合における仕入税額控除のための電磁的記録の保存方法として、当該電磁的記録を「書面」により出力したものを保存する方法も認められることとなり（後述❽参照）、必ずしも電磁的記録で保存する必要がなくなったことから、当該要件は削除された。財務省編『平成30年度税制改正の解説』961頁。

223

図表6-6 ●電子インボイスの提供

電磁的記録によるインボイス発行の事前承諾⇒改正により不要に！

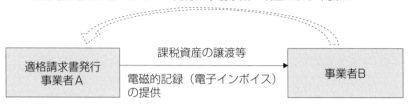

　なお、電磁的記録（電子インボイス）による提供方法としては、光ディスク、磁気テープ等の記録用の媒体による提供のほか、例えば、以下のような方法がある（インボイス通達3-2）。

　ア．EDI（Electronic Data Interchange）取引[10]における電子データの提供
　イ．電子メールによる電子データの提供
　ウ．インターネット上にサイトを設け、そのサイトを通じた電子データの提供

❷ 適格請求書とされる電子インボイスの要件

　適格請求書発行事業者が、適格請求書等（適格請求書・適格簡易請求書・適格返還請求書）の交付に代えて、それに記載すべき事項に係る電磁的記録を提供した場合、当該電磁的記録（電子インボイス）は適格請求書等と扱われるが、その場合の電磁的記録に記録すべき内容は以下のとおりとなる（新消法57の4⑤、インボイスQ&A問55）。

　ア．電磁的記録を提供する適格請求書発行事業者の氏名又は名称及び登録番号
　イ．課税資産の譲渡等を行った年月日

---
[10] EDI取引とは、異なる企業・組織間で商取引に関連するデータを、通信回線を介してコンピュータ間で交換する取引等をいう。

ウ．課税資産の譲渡等に係る資産又は役務の内容（課税資産の譲渡等が軽
　減対象資産の譲渡等である場合には、資産の内容及び軽減対象資産の譲
　渡等である旨）

エ．課税資産の譲渡等の税抜価額又は税込価額を税率ごとに区分して合計
　した金額及び適用税率

オ．税率ごとに区分した消費税額等

カ．電磁的記録の提供を受ける事業者の氏名又は名称

　要するに、適格請求書等に記載すべき事項（新消法57の4①）を電子イ
ンボイスに記録する必要があるということである。

❸ 適格簡易請求書も電子インボイスに含まれるか？

　ところで、上記により電子インボイスの発行が可能なのは、当初、適格請
求書及び適格返還請求書の記載事項に係る電磁的記録の提供の場合について
のみであり、適格簡易請求書の記載事項については電子インボイスの発行は
認められていなかった。これは、そもそも適格簡易請求書というものは、小
売業などの不特定かつ多数の者に課税資産の譲渡等を行う一定の事業を行う
場合にその交付が認められるものであり、あらかじめ相手方に電磁的記録に
よることの承諾をとったり、個別に電磁的記録を提供したりすることができ
ないため、と解されていたことによる[11]。

　しかし、いわゆる電子レシートの普及の実態等を踏まえ、平成30年度の
税制改正で、適格簡易請求書の記載事項についても電子インボイスの発行が
認められることとなった[12]。小売業がネット経由で取引を行う場合、その相
手方に交付する適格簡易請求書についても、システム対応により電磁的記録
（紙のレシートの代わりに、スマホに電子レシートを交付する方法を想定）
を提供している場合には、当該電磁的記録も電子インボイスとして認められ

---

[11] 財務省編『平成28年度税制改正の解説』816頁。
[12] 財務省前掲注9書961頁。

るというわけである。

❹ 請求書を書面で交付し、明細書を電磁的記録で提供する場合

　EDI取引を行っている場合で、受発注や納品などの日々の取引については、取引先と電磁的記録を交換することにより行うケースがある。このとき、請求書については、月まとめで書面により取引先に交付している。当該請求書を適格請求書とするために、請求書には登録番号等の記載を行い、日々の取引の明細については電磁的記録である請求明細（税率ごとに分けて作成）を参照しようとする場合、取引の相手方に適格請求書を交付したことになるのだろうか。

図表6-7 ●請求書を書面で交付し、明細書を電磁的記録で提供する場合

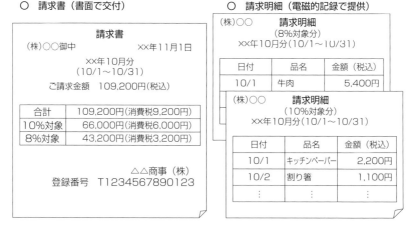

（出典）　国税庁「消費税の仕入税額控除制度における適格請求書等保存方式に関するQ&A（平成30年6月）」（令和4年11月改訂）問63

　これについては、課税資産の譲渡等の内容（軽減税率の対象である旨を含む）を含む請求明細に係る電磁的記録を提供した上で、それ以外の記載事項のある月まとめの請求書を書面で交付することで、これら全体により、適格請求書の記載事項を満たすことになるといえる（インボイスQ&A問63）。

なお、請求明細に係る電磁的記録については、提供した適格請求書に係る電磁的記録と同様の措置等を行い、保存する必要がある（新消規26の8①、次項❺参照）。

❺ 提供した電子インボイスの保存期間と保存方法

適格請求書発行事業者は、交付した適格請求書の写し（紙ベース）及び提供した適格請求書に係る電磁的記録（電子インボイス）の保存義務がある（新消法57の4⑥、インボイスQ&A問70）。

当該適格請求書の写しや電磁的記録については、交付した日又は提供した日の属する課税期間の末日の翌日から2月を経過した日から7年間、納税地又はその取引に係る事務所、事業所その他これらに準ずるものの所在地に保存しなければならない（新消令70の13①、インボイスQ&A問71）。

図表6-8 ●電子インボイスを提供した適格請求書発行事業者の保存義務

また、電子インボイスを提供した場合には、当該電子インボイスのみを電磁的記録のまま保存しておけばよく、紙ベースの適格請求書の写しを別途保存しておくことまでは義務付けられていない。ただし、電磁的記録のまま保存しておく場合、以下の措置を講じる必要がある（新消規26の8①、インボイスQ&A問71）。

ア．次の1）から4）のいずれかの措置を行うこと
 1）適格請求書に係る電磁的記録を提供する前にタイムスタンプを付し、その電磁的記録を提供すること（電帳規4①一）
 2）適格請求書に係る電磁的記録の提供後遅滞なくタイムスタンプを付すとともに、その電磁的記録の保存を行う者又はその者を直接監督す

第6章　電子インボイスの導入

る者に関する情報を確認することができるようにしておくこと（電帳規4①二）。なお、当該要件は、令和5年の税制改正で廃止される。

3）適格請求書に係る電磁的記録の記録事項について、次のいずれかの要件を満たす電子計算機処理システムを使用して適格請求書に係る電磁的記録の提供及びその電磁的記録を保存すること（電帳規4①三）

・訂正又は削除を行った場合には、その事実及び内容を確認することができること

・訂正又は削除することができないこと

4）適格請求書に係る電磁的記録の記録事項について正当な理由がない訂正及び削除の防止に関する事務処理の規程を定め、当該規程に沿った運用を行い、当該電磁的記録の保存に併せて当該規程の備付けを行うこと（電帳規4①四）

イ．適格請求書に係る電磁的記録の保存等に併せて、システム概要書の備付けを行うこと（電帳規2②一、4①）

ウ．適格請求書に係る電磁的記録の保存等をする場所に、その電磁的記録の電子計算機処理の用に供することができる電子計算機、プログラム、ディスプレイ及びプリンター並びにこれらの操作説明書を備え付け、その電磁的記録をディスプレイの画面及び書面に、整然とした形式及び明瞭な状態で、速やかに出力できるようにしておくこと（電帳規2②二、4①）

エ．適格請求書に係る電磁的記録について、次の要件を満たす検索機能を確保しておくこと（電帳規2⑥六、4①）

1）取引年月日その他の日付、取引金額その他の主要な記録項目（請求年月日、請求金額、取引先名称等）を検索条件として設定できること

2）日付又は金額に係る記録項目については、その範囲を指定して条件を設定することができること

3）二以上の任意の記録項目を組み合わせて条件を設定できること

さらに、提供した電子インボイスを紙に印刷し「書面」にて保存することも認められているが、この場合、当該書面は整然とした形式及び明瞭な状態で出力する必要がある（新消規26の8②）。

❻ 電子インボイス作成のシステムを利用して紙ベースの適格請求書を交付する場合

一方で、システム上電子インボイスを作成するものの、取引の相手方には紙ベースの適格請求書を交付する場合、電磁的記録による保存を行えば、当該適格請求書の写しを紙ベースで保存しておく必要はない。すなわち、自己が一貫して電子計算機を使用して作成したものについては、電子保存法に基づき、一定の要件を充たすことについて所轄税務署長の承認を受けた場合には、電磁的記録による保存をもって書類の保存に代えることができることとされている（電子保存法4②）。

なお、上記により作成したデータ（電磁的記録）での保存に当たっては、以下の要件を満たす必要がある。

ア．適格請求書に係る電磁的記録の保存等に併せて、システム関係書類等（システム概要書、システム仕様書、操作説明書、事務処理マニュアル等）の備付けを行うこと（電帳規2①一、③）

イ．適格請求書に係る電磁的記録の保存等をする場所に、その電磁的記録の電子計算機処理の用に供することができる電子計算機、プログラム、ディスプレイ及びプリンター並びにこれらの操作説明書を備え付け、その電磁的記録をディスプレイの画面及び書面に、整然とした形式及び明瞭な状態で、速やかに出力できるようにしておくこと（電帳規2①二、③）

ウ．適格請求書に係る電磁的記録について、次の要件を満たす検索機能を確保しておくこと（電帳規2②三、③）

1）取引年月日、その他の日付を検索条件として設定できること

2）日付に係る記録項目は、その範囲を指定して条件を設定することが

できること

❼ 提供を受けた電子インボイスの保存期間及び保存方法

取引の相手方から適格請求書の交付に代えて、適格請求書に係る電磁的記録（電子インボイス）による提供を受けた場合、仕入税額控除の要件として、当該電磁的記録を保存しなければならない（新消法30⑦⑨二、インボイスQ&A問91）。

当該電磁的記録については、その提供した日の属する課税期間の末日の翌日から2月を経過した日から7年間、納税地又はその取引に係る事務所、事業所その他これらに準ずるものの所在地に保存しなければならない（新消令50①）。

図表6-9 ●電子インボイスの提供を受けた事業者の保存義務

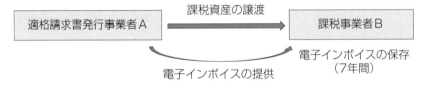

また、提供を受けた電磁的記録をそのまま保存しようとするときには、以下の措置を講じる必要がある（新消令50①、新消規15の5、インボイスQ&A問91）。

ア．次の1）から4）のいずれかの措置を行うこと
1) タイムスタンプが付された適格請求書に係る電磁的記録を受領すること（受領した者がタイムスタンプを付す必要はない）（電帳規4①一）
2) 適格請求書に係る電磁的記録の受領後遅滞なくタイムスタンプを付すとともに、その電磁的記録の保存を行う者又はその者を直接監督する者に関する情報を確認することができるようにしておくこと（電帳

規4①二)。なお、当該要件は、令和5年の税制改正で廃止される。

3) 適格請求書に係る電磁的記録の記録事項について、次のいずれかの要件を満たす電子計算機処理システムを使用して適格請求書に係る電磁的記録の受領及びその電磁的記録を保存すること（電帳規4①三）

・訂正又は削除を行った場合には、その事実及び内容を確認することができること

・訂正又は削除することができないこと

4) 適格請求書に係る電磁的記録の記録事項について正当な理由がない訂正及び削除の防止に関する事務処理の規程を定め、当該規程に沿った運用を行い、当該電磁的記録の保存に併せて当該規程の備付けを行うこと（電帳規4①四）

イ．適格請求書に係る電磁的記録の保存等に併せて、システム概要書の備付けを行うこと（電帳規2②一、4①）

ウ．適格請求書に係る電磁的記録の保存等をする場所に、その電磁的記録の電子計算機処理の用に供することができる電子計算機、プログラム、ディスプレイ及びプリンター並びにこれらの操作説明書を備え付け、その電磁的記録をディスプレイの画面及び書面に、整然とした形式及び明瞭な状態で、速やかに出力できるようにしておくこと（電帳規2②二、4①）

エ．適格請求書に係る電磁的記録について、次の要件を満たす検索機能を確保しておくこと（電帳規2⑥六、4①）

1) 取引年月日その他の日付、取引金額その他の主要な記録項目（請求年月日、請求金額、取引先名称等）を検索条件として設定できること

2) 日付又は金額に係る記録項目については、その範囲を指定して条件を設定することができること

3) 二以上の任意の記録項目を組み合わせて条件を設定できること

第6章　電子インボイスの導入

❽ 提供を受けた電子インボイスの書面による保存

　適格請求書に係る電磁的記録による提供（電子インボイスの提供）を受けた場合であっても、電磁的記録を整然とした形式及び明瞭な状態で出力した「書面」を保存することで、仕入税額控除に係る請求書等の保存要件を満たすこととなる（新消規 15 の 5②、インボイス Q&A 問 75）。

❾ 書面と電子インボイスを合わせた仕入明細書

　前掲❹のケースと似ているが、EDI 取引を行っている場合で、取引先と電磁的記録を交換することにより、日々の受発注などを行っており、また、決済に当たっては、取引先から請求書が交付されず、取引先に月まとめで支払通知書を書面で交付するケースがある（いわゆる請求レス取引）。

　このとき、支払通知書には相手方の登録番号等の記載を行うが、日々の取引の明細については、取引先から提供される電磁的記録である取引明細（税率ごとに分けて作成されている）を参照する場合、相手方の確認を受けた上で、書面の支払通知書と取引明細の電磁的記録を合わせて保存することで、仕入税額控除の要件である仕入明細書の保存があることとなるのだろうか。

図表6-10 ●書面と電子インボイスとを合わせた仕入明細書

○ 支払通知書（書面で交付）　　　○ 取引明細（電磁的記録で提供）

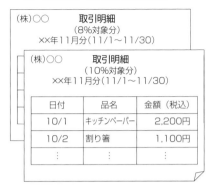

（出典） 国税庁「消費税の仕入税額控除制度における適格請求書等保存方式に関するQ&A（平成30年6月）」（令和4年11月改訂）問78

　これについては、相手方から確認を受けた仕入明細書を仕入税額控除の要件として保存すべき請求書等とするには、次のア〜カの事項が記載されていることが必要となる（新消法30⑨三、新消令49④）。また、保存すべき請求書等には仕入明細書に係る電磁的記録も含まれる（新消令49⑤）。

ア．仕入明細書の作成者の氏名又は名称
イ．課税仕入れの相手方の氏名又は名称及び登録番号
ウ．課税仕入れを行った年月日
エ．課税仕入れに係る資産又は役務の内容（課税仕入れが他の者から受けた軽減対象資産の譲渡等に係るものである場合には、資産の内容及び軽減対象資産の譲渡等に係るものである旨）
オ．税率ごとに合計した課税仕入れに係る支払対価の額及び適用税率
カ．税率ごとに区分した消費税額等

　なお、保存が必要な請求書等の記載事項は、一の書類だけで記載事項を満たす必要はなく、複数の書類や、書類と電磁的記録について、これらの書類（書類と電磁的記録）相互の関連が明確であり、適格請求書の交付対象となる取引内容を正確に認識できる方法で交付されていれば、その複数の書類や

第6章　電子インボイスの導入

電磁的記録の全体により適格請求書の記載事項を満たすことができる。

　したがって、本件の場合、課税資産の譲渡等の内容（軽減税率の対象である旨を含む）を記録した取引明細に係る電磁的記録（電子インボイス）と書面で作成する支払通知書の全体により、請求書等の記載事項を満たすため、書面で作成した支払通知書と取引明細に係る電磁的記録を合わせて保存することで、仕入税額控除のための請求書等の保存要件を満たすこととなる（インボイスQ&A問78）。

234

3 欧州における電子インボイスの動向

欧州をはじめとする諸外国においては、インボイスは付加価値税導入と同時に採用されていたが、その電子化はここ10年くらいで急速に実用化されてきた分野である。そこで以下では、電子インボイスの採用に実績のあるEU（EU加盟27か国の付加価値税制制度の共通化をつかさどる付加価値税指令（VAT指令）の内容に基づく）及び韓国の実情を以下で概観し、わが国の制度への示唆を確認しておきたい。

❶ EUにおける電子インボイスの意義

EUにおける付加価値税（VAT）に関して、インボイス[13]というものは、事業者にとっては税額控除を行う権利があることを証明するとともに、税額控除に関する情報を提供する役割を、課税庁にとっては制度を円滑に執行する役割を果たすことが期待されている[14]。

EUの付加価値税制における電子インボイスは、まず1999年の指令（1999/93/EC）において、電子署名に関する事項が定められたところからスタートしている。次に、EUではインボイス指令（2001/115/EC）により電子インボイスが規定された。当該指令では、電子インボイスに関し受領者の事前の同意が必要とされていた。

EUにおいては、その後しばらくインボイス指令とVAT指令とは別個の規定であったが、2006年のVAT指令（2006/112/EC）によってインボイス指令が組み込まれて統一化された。さらに2010年にVAT指令（2010/45/EU[15]）が改正され、電子インボイス（electronic invoice or e-Invoicing）は

---

[13] EU域内におけるインボイスの年間発行件数は約349億件（2017年）と見積もられている。European Commission, *Study on the evaluation of invoicing rules of Directive 2006/112/EC*, Final Report, Volume 1, at 52.

[14] European Commission, *supra* note 13, at 18.

第6章　電子インボイスの導入

従来の紙ベースのインボイスと全く同じように取扱われることとなった[16]。すなわち、2010年のVAT指令においては、指令によって求められる情報が記載されているインボイスで、電子媒体により発行及び授受されるものが電子インボイスであると規定されている（2010年VAT指令217条）。

また、当該指令は、電子インボイスについてその真正性（Integrity and Authenticity）が担保されていることを求めている（2010年VAT指令247条（2））。その方法としては、EDIのようなデータの授受の方法や適格な電子署名[17]（Qualified Electronic Signature）、及びインボイスからそれに対応する取引を特定できる方法（Business Controls that create reliable Audit Trail, BCAT、2010年VAT指令232条）の3つが特に重要になってくる[18]。さらに、2010年のVAT指令では、電子インボイスに関し受領者の事前の同意は不要とされている。

2010年のVAT指令における電子インボイスに関し、特に重要な項目は、電子インボイスと従来の紙ベースのインボイスとが全く同じように取扱われるようになったこと（中立性）と、電子インボイスの形式としてPDFが容認されたことが挙げられる[19]。

なお、EU域内におけるVATが非課税となる金融取引については、インボイスの発行が求められていない（2010年VAT指令220条（2））。

❷ 簡易インボイス

国内における少額取引（100ユーロ未満）や一定の取引（特定のインボイスを訂正するインボイス）に関しては、通常のインボイスよりも記載事項が

---

[15] 第2インボイス指令（Second Invoicing Directive, SID）とも称されている。
[16] ただし、電子インボイスの使用は受領者の許可を要するという点が異なる（2010年VAT指令232条）。ただし、受領者の明確な許可を要するとする加盟国は現在エストニア等少数で、暗黙の了解のみで十分とする国が多数である。European Commission, supra note 13, at 32.
[17] 事前の電子署名は必須要件ではなくなった。
[18] European Commission, supra note 13, at 30.
[19] European Commission, supra note 13, at 85.

簡略化された「簡易インボイス（simplified invoice）」の発行が認められている（2010年VAT指令220条a、226条b、238条）。簡易インボイスの典型は、スーパー等で買い物をした際に発行されるレシートである。

　簡易インボイスの記載事項は以下のとおりである（2010年VAT指令226条b）。

　ア．インボイスの発行日

　イ．資産の譲渡又は役務の提供を行う事業者を特定するための情報

　ウ．譲渡された資産又は役務提供の内容を特定するための情報

　エ．税額又は税額を計算するために必要な情報

　オ．特定のインボイスを訂正するインボイスの場合、元のインボイスの明確なリファレンスと修正される内容

なお、簡易インボイスも上記記載事項につき電子媒体で交付されれば電子インボイスとして取り扱われる。

❸ 電子インボイスの保存

　インボイスの保存期間について、指令では加盟国の国内法によって規定することを認めており（2010年VAT指令247条（1））、概ね4年以上10年以下となっている[20]。

　また、保存場所について指令は、海外に置くことを認めており、その場合、各国の国内法で、

　ア．事前の申請によること

　イ．オンラインでインボイスの電子情報に完全にアクセスできない場合には海外に置くことを認めないこと

　ウ．相互扶助や電子媒体へのアクセスを認めないような第三国での保存を認めなかったり制限を加えること

といった追加的な条件を規定することを許容している（2010年VAT指令

---

[20] European Commission, *supra* note 13, at 47.

第6章　電子インボイスの導入

245条）。

　さらに、保存方式について指令では、文書形式のインボイスであれば紙ベースのまま、電子インボイスであれば電子媒体のままというように、形式を変えずに保存すること要求することができるとしているが（2010年VAT指令247条(2)）、多くの加盟国の国内法では、電子インボイスを電子媒体で保存することも紙ベースで保存することも認められている。電子インボイスの保存については、指令において、偽造・改竄されていないことを証明するデータの保管を加盟国に義務付けることができるとされている（2010年VAT指令247条(2)）。

　加えて、電子インボイスを電子媒体で保存する場合、事業者が設立された加盟国と課税地のある加盟国の課税庁に対して、その事業者がデータ化して保存した受領インボイスと発行インボイスのデータにオンラインでアクセスしてダウンロードし、利用する権限を付与する必要がある（2010年VAT指令249条）。

❹ 電子及び紙ベースのインボイスに関する中立性

　EUにおける電子インボイスの取り扱いについて重要な原則は、電子及び紙ベースのインボイスに関する中立性の概念である。前述①のとおり、2010年のVAT指令により、電子インボイスと紙ベースのインボイスとは同等に取り扱われることとなったが（中立性）、EU加盟国の中には、税務調査において、電子インボイスの方がより時間をかけてチェックする傾向にある国（ポーランドなど）があるとされ、そのような国の（中小）企業は、税務調査において課税庁が、例えばPDF形式で保存しているインボイスも全てプリントアウトすることを要請するのではないかと懸念している、とされている[21]。ただし、各国の税務当局も電子インボイスの取扱いに慣れてきており、このような「二度手間」に関する懸念は払拭されつつある[22]。

---

[21] European Commission, *supra* note 13, at 62–63.

238

一方で、EUの調査では、事業者の中の40%は、電子インボイスの保存方法は紙ベースのものより複雑で法規定を遵守するのが困難と回答している[23]。例えば、ドイツにおいては、インボイスを電子媒体で保存する場合、それには十分な法的効力がないと事業者が考えるときには原本を保存する必要があるという規定（GoBD 140条）があるため、電子及び紙ベースのインボイスに関する中立性が阻害される結果となっている[24]。また、イタリアにおいては、電子媒体による保存の規定が詳細であるため、当該法的要件を満たすため、事業者の多くは保存業務を外部に委託している[25]。

❺ 2010年VAT指令後の電子インボイスの問題点

2010年VAT指令後のEUにおける電子インボイスの利用に関しては、国内取引についてはかなりスムーズに定着している模様である。一方で、国境をまたぐ取引に関しては、まだ以下のようないくつかの問題点がみられるところである。

まず、2010年VAT指令に規定されていない加盟国独自の追加的な電子報告に関しては、国によって求められる情報の内容及び頻度が異なるため、国境をまたぐ取引を行う企業にとっては、国によって異なる要件を満たす電子報告を行うことはかなりの事務負担になっている[26]。

また、政府と事業者との取引（B2G）に関しては、イタリアやフランス、スペインといった国においては、政府との取引（B2G）に係るインボイスについて、その国独自の規制（例えばVAT番号の取得の義務付け）があり、また、そのような規制はその国の公用語のみで情報提供されるため、国境をまたいで取引やサービスを提供する企業から厳しく批判されている。

---

[22] European Commission, *supra* note 13, at 63.
[23] European Commission, *supra* note 13, at 75-76.
[24] European Commission, *supra* note 13, at 76.
[25] European Commission, *supra* note 13, at 77.
[26] European Commission, *supra* note 13, at 82-83.

第 6 章　電子インボイスの導入

　さらに、取引当事者が電子インボイスを通じて交換している取引情報以外の情報を各国税務当局が追加的に求める場合には、電子インボイス取引の特徴である情報交換の自動化・効率化を阻害する要因となりかねないところである[27]。

---

[27] European Commission, *supra* note 13, at 85.

4 韓国における電子インボイスの動向

❶ 韓国における電子インボイス

　韓国においては、わが国より10年以上前の1977年に付加価値税（VAT）が導入されており、2013年現在で、税収総額の29％（58.6兆ウォン）を占める基幹税である。韓国では導入時から、事業者は付加価値税の仕入税額控除に際してはインボイスに基づいて行う仕組み（an invoice-credit VAT regime）を取り入れており、しかも、その申告の際には課税庁にインボイス（又はそのサマリーに関するリスト）を提出することとされてきた。提出されたインボイスの情報は課税庁のシステムに入力され、インボイスの発行者と受領者に係るデータのマッチングがなされる。ただし、事業者にとって当該インボイス情報の提出義務は事務負担が重く、その軽減策がかねてから検討されてきた。その具体的な解決策が最新のICT技術を駆使した電子インボイス（Electronic Tax Invoice, ETI）の活用である。

　韓国においては、EUと同様に、付加価値税における仕入税額控除に際して電子インボイスが利用されている。韓国において電子インボイスが導入されたのは1997年であるが、当該電子インボイスは以下の要件を満たすものをいう[28]。

　　ア．事業者名、売手及び買手双方の登録番号・住所、財又はサービスの内容、税抜価格及び数量、税額、取引日といった取引情報が含まれていること

　　イ．発行者の真正性とインボイスの改竄不能を証明するデジタル個人認証プログラムである「公共認証システム」を通じてインボイスのやり取り

---

[28] Hyung Chul Lee, *Can Electronic Tax Invoicing Improve Tax Compliance?* World Bank Policy Research Working Paper 7592, March 2016, at 7.

を行っていること
　ウ．付加価値税法に定められた電子伝達ルート[29]を用いていること
　エ．発行から1日以内にインボイスの情報が課税庁に送信されること

　韓国では1980年代以降、行政の情報化・電子化を強力に推し進めており、国連の調査では、電子政府のランキングで2010年、2012年及び2014年に1位となっている[30]。そのような背景の下、電子インボイスの普及も世界に先駆けて急速に進んだといえる[31]。

❷ 電子インボイスを用いた取引フロー

　韓国における電子インボイスを用いた取引フロー（ERPシステムを利用した場合）を示すと以下の図のとおりとなる[32]。

　まず、譲渡者は電子署名した電子インボイスを課税庁が運営する電子インボイスシステム（e-sero）に入力する。次に、当該システムにより承認番号を付された電子インボイスを譲受人に（電子メール等で）送付する。電子インボイスのデータは入力の翌日に課税庁に送信される。

図表6-11 ●電子インボイスを用いた取引フロー

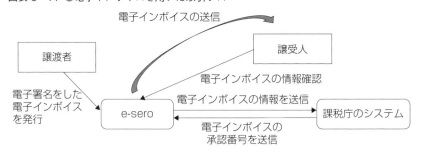

---

[29] 納税者のERPシステム、ASP、課税庁が運営する電子インボイスシステム（e-sero）、その他課税庁が認めるシステムをいう。Lee, *supra* note 28, at 7.
[30] 国連（経済社会局）の最新の発表によれば、1位はデンマーク、2位は韓国、3位はエストニアで、日本は14位である。2020年7月13日付日経XTECH。
[31] Lee, *supra* note 28, at 16.
[32] Lee, *supra* note 28, at 8.

❸ 不正インボイスへの対処

韓国では2000年以降、以下の統計でみるとおり、付加価値税に関して、特定の業者から偽造されたインボイスを入手し、それを用いて不正に仕入税額控除を受ける事業者が現れ、問題となっている。

図表6-12 ●偽造されたインボイスによる不正控除事案の件数

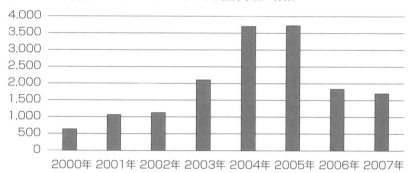

（出典）　Hyung Chul Lee, *Can Electronic Tax Invoicing Improve Tax Compliance?* World Bank Policy Research Working Paper 7592, March 2016, at 19.

韓国における偽造インボイスを用いた不正事案は複雑化しているが、典型的な例は以下の図のとおりである。

図表6-13 ●偽造インボイスを用いた不正事案の例

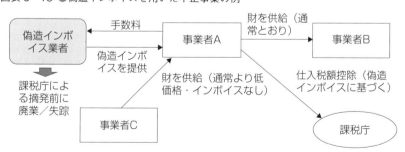

（出典）　Hyung Chul Lee, *Can Electronic Tax Invoicing Improve Tax Compliance?* World Bank Policy Research Working Paper 7592, March 2016, at 19.

課税庁も事業者から提供された紙ベースのインボイスの情報をコンピュー

第6章　電子インボイスの導入

タによりチェックしてきたが、その結果不正の疑いのある取引を摘出するのに1年半以上もかかってしまうため、その時には既に大量の偽造インボイスを提供している業者が雲隠れしており、それ以上の追及ができないという問題があった。しかし、上記紙ベースのインボイスが電子インボイスに置き換わると、課税庁による取引当事者のインボイス情報のクロスチェックが極めて迅速に（ほぼリアルタイムで）行われ、VATの申告書提出前に不正の疑いのある取引を摘発することが可能となった。これが韓国において電子インボイスを導入した大きな成果の一つと位置付けることができる。

❹ 電子インボイスの標準化

　前述のとおり、韓国における電子インボイスの導入は1997年と世界的にみて早かったが、当初は電子インボイスに関し、改竄等によりその真正性（authenticity）及び統一性（integrity）が損なわれていないか問題とされていた。そのため、1999年に電子商取引法が施行され、同年に施行された電子署名法に規定された電子署名のある電子媒体の文書は、紙ベースのものと同等の法的効果があるものと扱われることとなった[33]。また、2001年にはさらに詳細な電子インボイスに関する規則が発遣され、電子インボイスはその真正性と統一性が保証された特定のシステムを通じてインターネットを経由するか、同等の仕組みを持つ電子通信ネットワークを経由するかのいずれかを選択することが必要となった[34]。

　電子インボイスの普及のためには、事業者を使用するシステムの統一化が不可欠である。そのため、2001年に電子インボイスの標準化に関する民間専門家の研究グループが立ち上げられ、当時200以上あった電子インボイスの様式や電子署名の標準化・汎用化に議論が開始された。その結果、2005年6月には韓国電子商取引協会による標準的な電子インボイスに係る認証が

---

[33] Lee, *supra* note 28, at 20.
[34] Lee, *supra* note 28, at 21.

開始された[35]。

❺ 電子インボイスの義務化

　電子インボイス及びその認証制度の導入後も、電子インボイスの普及はそれほど進んだわけではなかった。2002 年の調査では、事業者のうち電子インボイスのみを発行する者は全体のわずか1.4% で、紙ベースのインボイスと併用する者もわずか10.5% に過ぎなかった。2008 年になっても、電子インボイスは全体の 15% 程度にとどまっていた[36]。そのため、韓国財務省は、法人事業者の税務関連の事務負担を軽減し取引の透明性を高める目的で、2008 年末に付加価値税法を改正し、1 年間の猶予期間を置き 2010 年 1 月から、電子インボイスの使用を義務化することとした[37]。同時に課税庁は、2009 年 11 月に、小規模事業者を対象に、そこにアクセスすることで電子インボイスの発行を可能とするシステム（e-sero）を開発した。また、国家 IT 技術促進庁は、自社システムを有する大規模事業者向けに、標準的な電子インボイスの認証サービスを開始した。これらにより、電子インボイスの使用義務化の環境整備がなされた。

　課税庁は、小規模法人事業者の準備期間を考慮して、電子インボイスの使用義務化を 2011 年に遅らせることが可能な法改正を行った。また、年間売上高が 10 億ウォンを超える個人事業者については、2012 年から電子インボイスの使用が義務化された。さらに、年間売上高が 3 億ウォンを超える個人事業者についても、2014 年から電子インボイスの使用が義務化された[38]。

❻ 租税回避行為への対処

　電子インボイスの義務化は、付加価値税に係る租税回避行為への対処とい

---

[35] Lee, *supra* note 28, at 21.
[36] Lee, *supra* note 28, at 22.
[37] Lee, *supra* note 28, at 22.
[38] Lee, *supra* note 28, at 23.

う意味でも重要である。韓国では、課税庁が管理運営する電子インボイスのシステム（e-sero）がその点で重要な役割を果たしている。電子インボイスの導入は小規模事業者の負担が大きいといえるが、課税庁が電子インボイスのシステム（e-sero）を用意することで、各事業者におけるシステム対応のコストを削減し、電子インボイスの普及を後押しした。その結果、課税庁がインボイスの情報を網羅的かつ迅速に入手することが可能となり、租税回避事案の把握も的確に行えるようになったといえる。その具体的な対応策の一つが、2012年1月に導入した偽造インボイス及び不正な仕入税額控除を特定する不正警告システム（EWS）である[39]。

EWSは収集した電子インボイス、法人税の申告データ、滞納データ等から問題のある取引を迅速に（VATの申告前であっても）抽出し、更なる調査が必要か判断する際の基礎資料を提供する。EWSは単に脱税につながる種を早期に摘むのに機能するのみでなく、付加価値税の還付の適正な処理にも役立つという側面もある[40]。EWSを用いたVATの早期警告システムの業務フローを図示すると以下のとおりとなる。

図表6-14 ●EWSを用いたVATの早期不正警告システム

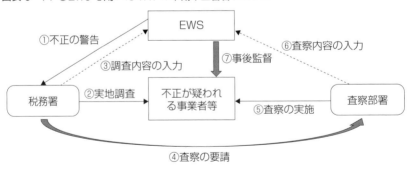

EWSが上記システムにおいて不正の警告を発するケース（上記①）を例

---

[39] Lee, *supra* note 28, at 25.
[40] Lee, *supra* note 28, at 25.

示すると以下のとおりとなる[41]。

　ア．事業者が相当数及び金額のインボイスを発行したのち、1年以内に解散する場合

　イ．インボイスの発行件数全体に占める電子インボイスの割合が低い事業者において売上側の税額と仕入側の税額とに乖離があるのを把握した場合

　ウ．事業者が相当数及び金額のインボイスを発行したが、VATの申告を行わない場合

　エ．売上高が仕入額を大きく上回っているおり、VATの滞納が生じている場合

❼ 電子インボイス移行への誘因と成果

　事業者にとって電子インボイスへの移行は、少なくとも短期的にはシステム投資を要するという意味で追加的な負担が強いられる。そのため、韓国では電子インボイスの義務化にあたり、事業者に対して金銭的及び非金銭的なインセンティブを供与した。すなわち、課税庁に対して発行した電子インボイスの情報を提供した事業者は、取引情報に係るリストを提供する義務及びインボイスに関する記録を5年間保存する義務が免除された。

　そのような取組みの結果、韓国では2011年の電子インボイスの義務化からわずか数年で、事業者のうち電子インボイスを導入する割合についてほぼ100%を達成している[42]。

　一方、不正警告システム（EWS）を用いた電子インボイスへの移行による租税回避や脱税事案への対処に係る効果は、以下の表のとおりとなっている[43]。

---

[41] Lee, *supra* note 28, at 26.
[42] 2013年には事業者の99.3%が電子インボイスを採用し、取引量の99.9%が電子インボイスにより行われている。一方、義務化前は15%程度であった。Lee, *supra* note 28, at 32-39.

第 6 章　電子インボイスの導入

図表 6−15 ●EWS による租税回避疑義事案の早期発見と調査移行

（単位：件）

	警告案件 （A）	査察着手	査察終了	告発案件 （B）	増差税額 （10 億ウォン）	非違割合 （B/A）
2011−2013	5,801	1,639	1,399	961	954.0	16.6%
2014 年前期	1,021	283	244	198	232.8	19.4%
合計	6,822	1,922	1,643	1,159	1,186.8	17.0%

[43] Lee, *supra* note 28, at 34.

5 諸外国の電子インボイスに関する取り組みから見たわが国への示唆

❶ 電子インボイスの採用：強制か選択か

　付加価値税に関する電子インボイスの採用は、国により、強制されているところもあれば、事業者の選択というところもある。

　電子インボイスは、取引当事者がいずれも採用している場合に機能する。そのため、電子インボイスの適用が選択制の場合、電子インボイスと紙ベースのインボイスとの二重投資を回避する観点から、事業者は、たとえそれへの転換が事業の効率化の観点から望ましいと理解している場合であっても、電子インボイスへの投資に抑制的となるため、その普及は相対的に進まないという帰結となる。韓国の場合も、電子インボイスの適用が選択制の時代においては、事業者は紙ベースのインボイスに固執し、その普及は遅々として進まなかった。

　EU の場合、2010 年の VAT 指令、中でも 2013 年の PDF による電子インボイスの容認以降、電子インボイスの採用は事業者の選択（liberal ETIs）とする加盟国が増加している。しかし、XML のようなインターネットにおける標準規格に則った形式の電子インボイスを採用した場合の方が、税務、会計及びその他のオペレーションシステムの統合により目に見える費用削減が達成されるにもかかわらず、EU ではわずか 10％ 未満しか採用されておらず、改善の余地は大きい。わが国においても、Word や Excel の文書を PDF 化しただけであっても、電子メールによる提供をした場合には、原則として電子インボイスに該当する（インボイス通達 3-2）。しかし、そのような電子インボイスは単なる画像データであり、コンピュータで読み取るには不適当である。電子インボイスの導入により業務の効率化・高度化を図りたいのであれば、最初からコンピュータ用の言語データである XML 形式を採用す

べきとなる。

　一般に、租税回避や脱税への対処に苦戦している国の方が、電子インボイスの義務化や課税庁による電子インボイス情報の一元管理化を推進する傾向にある。EU 加盟国の中でも、デンマーク、フィンランド、イタリア等では政府やその関連機関において電子インボイスを使用することが義務付けられている。しかし、多くの加盟国で電子インボイスの義務が進まないのは、中小企業にとってその負担が重いことがその理由の 1 つとして挙げられる。したがって、各国政府の政策担当者は、電子インボイスの採用を義務付ける際には、十分な準備期間と「大企業⇒中企業⇒零細企業」というように段階を踏んだ導入を検討することが必要といえよう。実際、韓国では前述の❹❺で触れたとおり、そのような対応をとって円滑な導入に漕ぎつけている。

　また、韓国では電子インボイスの送信が遅れた場合延滞税が課されるが、その利率は法人・個人事業者を問わず、課税年度末の翌月 11 日までに送信されていれば課税売上の 0.5％、それ以降（又は送信されない場合）であれば 1.0％ となる[44]。

　なお、韓国においては電子インボイスが義務化されているが、その場合において、EU のケースと異なり、インボイスの相手方の許可は必要とされていない（日本もそうである）。仮に相手方が電子インボイスの受領を拒否した場合には、課税庁のシステム内に電子メールのボックスが開設され、そこに電子インボイスを送付すれば相手方受領したものとみなすという仕組みを採用している[45]。

　わが国の場合、インボイス制度導入後も、電子インボイスの採用は強制されておらず、中小企業の事務負担やシステム対応に係る費用等を考慮すれば、それが妥当と考える。しかし、近い将来においては、資本金の金額が 1 億円を超える大企業は 2020 年 4 月 1 日以後開始する事業年度から、原則と

---

[44] Lee, *supra* note 28, at 28.
[45] Lee, *supra* note 28, at 31.

して法人税・消費税の電子申告が義務付けられたのと同様に、大企業につい
てのみ電子インボイスが義務化されることも想定される。その場合、電子イ
ンボイスのデータを活用し効率的・効果的な法人税及び消費税の税務調査の
実施につなげたい課税庁にとっては、大きな追い風となることも想定され
る。一方で、当該法人から得た電子データを他の法人や個人の税務調査に無
条件で使用することが果たして許容されるのか、一定の歯止めが必要なのか
等については、今後慎重な検討が求められることになるであろう。

❷ 電子インボイスの標準化

　電子インボイスの標準化・互換性の確保は、異なる IT システムを使用し
ている事業者間における電子インボイスのやり取りの円滑化に資する。ま
た、電子インボイス及びそれに付随する電子署名の標準化は電子インボイス
の真正性の確保に必要である。一方で、EU では 2010 年時点において、400
以上もの電子インボイスに係るシステム事業者が存在し、韓国でも標準化前
は 200 以上の電子インボイスのフォーマットが存在していた。しかし、韓国
は事業者に電子インボイスの使用を義務付ける前に、電子インボイスのフォ
ーマットの標準化を行うことで、その移行プロセスを比較的順調に進めるこ
とができた。

　わが国においても、民間の取組みとしては、2020 年 7 月に会計情報シス
テム会社 10 社は、2023 年 10 月における消費税のインボイス制度導入を見
据え、電子インボイスの規格統一や普及を目指して、デジタルインボイス推
進協議会（EIPA、代表幹事会社：弥生株式会社）を設立している。また、
デジタルインボイス推進協議会は、2020 年 12 月に、日本国内における電子
インボイスの標準仕様を国際規格「Peppol（ペポル）」に準拠して策定する
ことを発表している。取引のグローバル化が進行する中においては、わが国
も OECD といった多国間の枠組みに積極的に関与し、電子インボイスの国
際標準の導入を推進すべきといえるのではないだろうか。

第6章 電子インボイスの導入

図表6−16 ●電子インボイスによる業務効率化のイメージ図

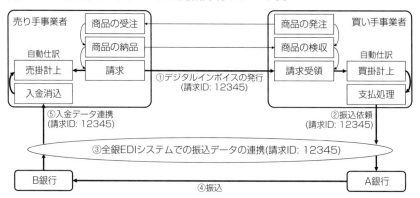

（出典） 電子インボイス推進協議会「デジタルインボイスが目指す商取引のDX（Digital Transformation）」（2022年3月）19頁

索 引

ア 行

アカウント方式　59, 83
委託販売　183
一括値引き　102
飲食料品　69
インボイス　16, 22
インボイス方式　58
益税　39

カ 行

家事共用資産　186
課税事業者である新設法人の登録時期の特
　例　131
簡易インボイス　207, 237
簡易課税制度　4, 9, 161
基準期間　39
客観的保存説　65
区分記載請求書　16
区分記載請求書等保存方式　24, 28, 83
経過措置　46
軽減税率　15, 16, 69
形式要件　24
激変緩和措置　4
高額特定資産　42
公共交通機関の特例　180
国外事業者　139
困難な事情　6, 129

サ 行

三党合意　14
仕入計算書　198
仕入明細書　78, 198
事業者間の相互牽制　17
事業者免税点制度　39
システム概要書　228
実質要件　24
自動的な登録取消し　124
少額適格返還請求書　5

消極要件　63
消費税簡易課税制度選択届出書　161
消費税転嫁対策特別措置法　52
消費税の社会保障目的税化　14
書面　232
真正性　236, 244
新設法人の特例　40
人的非課税　39
新聞の定期購読契約　70
税額転嫁の鎖　17
税額票　22
請求書等　25
請求書等積上げ方式　193
請求書等保存方式　22, 25
請求レス取引　232
積極要件　63
総額割戻し方式　192, 194

タ 行

滞納　45
タイムスタンプ　227
中立性　236
帳簿　25, 107, 196
帳簿方式　59, 60
追記　30, 90
追記による補正　90
積上げ計算の特例　193
適格簡易請求書　35, 207
適格請求書　16, 22, 169
適格請求書等積上げ方式　192
適格請求書等保存方式　32
適格請求書の写しの保存期間　188
適格請求書発行事業者　32, 115
適格請求書発行事業者登録　115
適格請求書発行事業者登録簿　32
適格返還請求書　189
デジタルインボイス推進協議会　251
電子インボイス　170, 217

253

電子署名　236
電磁的記録　170, 223
電子レシート　225
統一性　244
登録希望日　6
登録国外事業者　143
登録取消しの請求　121
登録の任意性　152
登録番号　169
――の構成　134
特定期間に係る納税義務の免税の特例
　41
特定新規設立法人　42

ナ　行

年間契約の対価　106

八　行

媒介者交付特例　184
端数処理　173
販売奨励金　104
非控除説　40
否定説　65
付加価値　57
複数税率　15
不正警告システム　246
不存在推認説　67
法人税に係る消費税の申告期限の特例
　18
法定登載事項　120

法律要件（分類）説　63
保存事実説　65

マ　行

マイナンバー　15
前工程　57
みなし仕入率　8
免税事業者　3, 44
――の特例措置　149
免税事業者である新設の法人の登録時期の
　特例　152

ヤ　行

やむを得ない理由　27
立証責任　63

英数字

1 万円以下の少額の取引　5
2 割　4
2 割課税　8
50％控除対象　46
80％控除対象　46
e-sero　242
EU 型インボイス　17
EU 型付加価値税　58
e シール　220
Peppol（ペポル）　217
VAT 指令　235

254

❖著者紹介

安部 和彦（あんべ・かずひこ）

税理士。和彩総合事務所代表社員。国際医療福祉大学大学院教授。

東京大学卒業後、平成2年、国税庁入庁。調査査察部調査課、名古屋国税局調査部、関東信越国税局資産税課、国税庁資産税課勤務を経て、外資系会計事務所へ移り、平成18年に安部和彦税理士事務所・和彩総合事務所を開設、現在に至る。

医師・歯科医師向け税務アドバイス、相続税を含む資産税業務及び国際税務を主たる業務分野としている。

平成23年4月、国際医療福祉大学大学院医療経営管理分野准教授に就任。

平成26年9月、一橋大学大学院国際企業戦略研究科経営法務専攻博士後期課程単位修得退学

平成27年3月、博士（経営法）一橋大学

令和3年4月、国際医療福祉大学大学院医療経営管理分野教授に就任。

【主要著書】

『税務調査の指摘事例からみる法人税・所得税・消費税の売上をめぐる税務』(2011年・清文社)

『修正申告と更正の請求の対応と実務』(2013年・清文社)

『消費税［個別対応方式・一括比例配分方式］有利選択の実務』(2013年・清文社)

『国際課税における税務調査対策Q&A』(2014年・清文社)

『Q&A医療法人の事業承継ガイドブック』(2015年・清文社)

『Q&Aでわかる消費税軽減税率のポイント』(2016年・清文社)

『要点スッキリ解説固定資産税Q&A』(2016年・清文社)

『新版税務調査事例からみる役員給与実務Q&A』(2016年・清文社)

『最新判例でつかむ固定資産税の実務』(2017年・清文社)

『［第三版］税務調査と質問検査権の法知識Q&A』(2017年・清文社)

『新版医療・福祉施設における消費税の実務』(2019年・清文社)

『消費税軽減税率対応とインボイス制度導入の実務』(2019年・清文社)

『裁判例・裁決事例に学ぶ消費税の判定誤りと実務対応』(2020年・清文社)

『Q&A　相続税の申告・調査・手続相談事例集』(2010年・税務経理協会)

『事例でわかる病医院の税務・経営Q&A（第2版）』(2012年・税務経理協会)

『医療現場で知っておきたい税法の基礎知識』(2012年・税務経理協会)

『消費税の税務調査対策ケーススタディ』(2013年・中央経済社)

『相続税調査であわてない不動産評価の税務』(2015年・中央経済社)

『相続税調査であわてない「名義」財産の税務（第3版）』(2021年・中央経済社)

『消費税の税率構造と仕入税額控除』(2015年・白桃書房)

『中小企業のための海外取引の税務』(2020年・ぎょうせい)

【ホームページ】

https://wasai-consultants.com/

改訂　消費税 インボイス制度導入の実務
──登録手続から税額計算、電子インボイスまで──

2023 年 3 月 30 日　発行

著　者　　安部 和彦 ©

発行者　　小泉 定裕

発行所　　株式会社 清文社

東京都文京区小石川 1 丁目 3-25（小石川大国ビル）
〒112-0002　電話 03（4332）1375　FAX 03（4332）1376
大阪市北区天神橋 2 丁目北 2−6（大和南森町ビル）
〒530-0041　電話 06（6135）4050　FAX 06（6135）4059
URL https://www.skattsei.co.jp/

印刷：亜細亜印刷㈱

■著作権法により無断複写複製は禁止されています。落丁本・乱丁本はお取り替えします。
■本書の内容に関するお問い合わせは編集部まで FAX（03-4332-1378）または edit-e@skattsei.co.jp でお願いします。
■本書の追録情報等は，当社ホームページ（https://www.skattsei.co.jp/）をご覧ください。

ISBN 978-4-433-71773-5